中小企業の
未来を創る
「ビジョン」の
つくり方・活かし方

澤田浩一 著

セルバ出版

はじめに

皆さんの経営している会社にはビジョンがあるでしょうか？　またビジョンは社内で共有されているでしょうか？　ここで言うビジョンとは会社の将来のありたい姿を言葉で表現して社員に示し、共有されたものを言います。経営者が自分の心の中で「こんな会社にしたいな」と思っているだけのものはここには含みません。

将来のありたい姿は誰にでもあります。例え今わからなくても、なりたくないものをあげていけばありたい姿が浮かび上がってきます。会社も同じです。今ははっきりしなくても経営者はありたい姿を持っているものです。問題はありたい姿を言葉で表現し、それを社員に示して共有できるかどうかです。

ありたい姿が経営者の頭の中にしかないのであれば、社員はどこに向かえばよいのかがわかりません。逆にありたい姿がビジョンとして共有されれば社員にもどの方向に向かえばよいのかがわかるので、同じ方向を向いて仕事をすることができます。そしてビジョンを実現すれば会社は今の姿とはまったく違ったものになるはずです。

ビジョンを実現していく中で新しい発見や気づき、これまでとは違う視点を得ることができます。そして新しい発見や気づき、視点からまた新たなビジョンが思い浮かぶでしょう。ビジョンを積み重ねる中で会社は発展していきます。言ってみればビジョンとはこれまでとは違うステージに向かうためのものなのです。

　またビジョンは経営者が向かいたい理想の世界です。特に中小企業の場合、ほとんどの経営者は会社のオーナーです。会社の経営そのものが自分の生き方と言ってもよいので、ビジョンを実現すること、つまり自分の向かいたい理想の世界を実現することは経営者の自己実現になります。

　自己実現するのは経営者だけではありません。ビジョンが社員に十分理解され、社内に浸透すればビジョンを実現させようという一体感が生まれます。一体感が社内に生まれると社員にとってもビジョンは自分事の話になるので、社員の自己実現にもつながります。

　私は社員40名がいる会社の経営者ですが、経営者になったとき自分のためだけに経営することはしないと誓いました。社員には社員の生活があります。彼らの生活を守りつつ、彼らがこの会社で働くことの自分なりの意義を見つけることができるような会社になることが大切だと考えています。将来のありたい姿を描くことで社員1人ひとりが自分の生き方と結びつけて考えることができる。私にとってビジョンをつくる意味はそこにあります。

　ところが中小企業でビジョンをつくり、経営に生かしている会社を私はあまりみたことがありません。例えば「何のために経営するのか」という経営理念はあってもビジョンがないために目指すべき方向がわからなくなったりしています。またビジョンがないために目の前に起きた問題ばかりに目が行き、経営理念がおざなりになっている会社もあります。さらにビジョンはあるけれど社内に浸透していないために、理想の世界が理想のままで終わっている会社もあります。私もビジョンを経営に生かすようになるまでにはずいぶんと時間が掛かりました。

ビジョンを生かして経営を行うには2つの難しさがあります。1つはビジョンをつくることの難しさ、もう1つはビジョンを会社に根づかせることの難しさです。将来に渡りどのような会社をつくりたいのかを考えることは経営者としての姿勢や生き方そのものが問われます。そのため自分のことをどれだけわかっているのかが重要です。しかし人は他人のことはわかっても自分のことはわかっているようでわからないものです。

またビジョンは経営者1人でつくっても、社員からの賛同がなければ意味がありません。なぜならビジョンは1人では実現できないからです。社員の賛同を得るにはビジョンの中身だけでなく表現の言い回しについても彼らから率直な意見を聴き、ビジョンに反映させる必要があります。

さらにビジョンは実現できなければ意味がありません。夢物語のような理想の世界を描くだけでは駄目なのです。ビジョンにはありたい姿を実現するためにどのような課題があるのかを反映させる必要があります。

2つ目はビジョンを根づかせることの難しさですが、いくら社員の賛同を得た素晴らしいビジョンであったとしても、つくっただけでは時間がたつにつれて形骸化していきます。社員にとって将来のありたい姿よりも日常で起こる問題のほうが重要なので、ビジョンの実現は後回しになってしまうからです。ビジョンは会社が次のステージに向かうためのものなので、これまでのやり方や考え方に変化を求めます。しかし人は慣れ親しんだやり方や考え方を変えたくないものです。「いままでとは違う発想をしろ」と言っても早々言う通りにはいきません。

ビジョンを根づかせるためには日々の意思決定や行動の中にビジョンを反映させることが大切です。そのためには経営者がリーダーシップを発揮して、社員とともにビジョンについて考え、話し合うことができるような組織をつくっていく必要があります。

本書では前半でビジョンのつくり方について、後半でビジョンを会社に根づかせる方法について述べています。第1章ではなぜビジョンが大切なのかについてS社の事例をもとに述べました。第2章ではビジョンとは何かについて、第3章ではどのようなビジョンがよいのかについて、いくつかのポイントを挙げた上で自社のビジョンのチェックリストとしてまとめています。第4章では「ビジョン作成ワークシート」に沿って、ビジョンのつくり方について具体的に述べました。すぐにでもビジョンをつくりたいという方は第2章からお読みいただけばよいと思います。

第5章と第6章はビジョンを会社に根づかせることについてです。社員とともにビジョンについて考え、話し合うことができるような組織をつくるために重要だと思うポイントについて触れています。中心となるのは社員との対話です。

本書を通してビジョンを生かした経営を行い、経営者も社員も充実したワークライフを送れるようになることを願ってやみません。

２０２１年11月

澤田　浩一

中小企業の未来を創る「ビジョン」のつくり方・活かし方　目次

はじめに

第1章　ビジョンをつくり、社員と共有することがなぜ大切なのか

・S社ヒロシ社長の事例…18
・父親から突然言われ、事業を継ぐことに…19
・ヒーロー遊びが好きだった子ども時代…20
・父親のこと…20
・母親のこと…21
・好奇心・探求心を身につける…23
・母親の自死…24
・宮城まり子さんに憧れて社会福祉学を専攻する…26
・診療所で社会人として大切なことをすべて学ぶ…28
・S社を継ぐことを決心する…30
・最初は右も左もわからず、父親の一言で自分の役割を決める…32

・ビジョンはつくらず、課題に取り組むところから入る…33
・課題に集中して成果を上げる…36
・ワンマン経営だと言われショックを受ける…38
・海外進出の失敗を機に後継者の育成を社内に宣言、ビジョンをつくる…40
・ビジョンをつくり、社員と共有することがなぜ大切なのか…43
・ミッション、バリュー、コンセプト、スローガンなどの言葉の意味…46

第2章　ビジョンとは何か

・ビジョンは経営理念に基づいて方向性を表わすもの…48
・ビジョンは経営理念の浸透に役立つ…49
・ビジョンは経営理念と目標との連結ピンの役割をする…51
・ビジョンは会社の自己実現を目指すためにある…53
・マズローの5段階欲求を会社に当てはめると…55
・ビジョンは社員の内的報酬を高め、自己実現を促す…58
・ビジョンはネガティブ・ケイパビリティを養う…60
・事業を引き継いだ後継者にはビジョンは特に重要…61

第3章　どのようなビジョンがよいビジョンか

・ビジョンとは…64
・誰もがありありと思い浮かべることができるビジョンであること…64
・ビジョンの文字数や項目は多すぎないようにする…65
・数字を使うときはその目的も必ずビジョンに入れる…66
・自社の視点だけでなく顧客の視点、社会の視点をビジョンに入れる…67
・ビジョンは具体的に表す…69

第4章　ビジョンをつくる

1. ビジョンをつくったときによく見られる失敗例
・よくないビジョンの例①／課題中心型のビジョン…72
・よくないビジョンの例②／直感型ビジョン…73
2. 誰がビジョンをつくったらよいか
・ビジョンをつくるのは経営者の役割？…75
・ビジョンは社員の参画を得てこそ価値が出る…76
・作成チームを編成することが難しい場合は経営者がたたき台をつくる…76

・ただし最終決定者は社長…77
・ビジョンをつくるには心理的安全性が重要…77

3. ビジョンをつくるためのプロセス
・5つのステップ…79

4. 価値観と向き合う
・価値観と向き合うことがなぜ大切なのか…81
・価値観とは何か…82
・人が自分の価値観と向き合うとき…83
・価値観が経営にどのような影響を及ぼすのか～スターバックスの事例を通して～…84
・子どもの頃から培った「負けじ魂」という価値観…85
・「負けじ魂」が起業家精神に火をつける…86
・スターバックスを特徴づけたもう1つの価値観…88
・価値観に向き合うことで危機を乗り越える…90
・もしシュルツ氏でなく別の経営者がスターバックスを経営していたら…91

5. 価値観と向き合うための方法
①過去を振り返る
・価値観は人生経験の積み重ねから形成される…93

・過去を振り返るワーク…94

②ジャーナリングを使う

・ジャーナリングとは何か…99

・準備するもの…100

・ジャーナリングを行う前に…100

・ジャーナリングのルール…100

・まずはジャーナリングの練習から…101

・本番：価値観と向き合うジャーナリングを行う…101

・キーワードにまとめる…103

・優先順位をつける…105

③ブロックを使って価値観を表す作品をつくってみる

・なぜブロックを使うのか…107

・ブロックはLEGO®がおすすめ…107

・「自分にとって大切なこと」というテーマで作品をつくる…108

・作品ができたら何を表しているのかをキーワードにまとめる…108

・ブロックで作品をつくるメリット…108

④専門家の助けを借りる

⑤ビジョン作成ワークシートに記入する
価値観が経営理念の中に含まれていないのなら経営理念を見直す…110

6. 作成チームで価値観を共有する
・まずは1人ひとりが自分の価値観を再確認する…111
・お互いの価値観を見せ合う…112
・価値観を組み合わせて、会社のありたい姿を考える…112
・ブロックでお互いの価値観を合体させた作品をつくる…113

7. 「こんな会社でありたい」と思う理想の姿を描く
・ありたい姿を〝空飛ぶ豚〟から描く…115
・理想の姿からどんなことが起こればよいかを考える…117

8. 理想の姿を実現するための課題を知り、ビジョンをつくる
・具体的に何をすればよいのかについて誰もがわかるくらいの表現にする…120
・取り組むべき課題をあげる…120
・ビジョンをつくる…122

9. 制約から課題を考える
・いくつも課題があって絞りきれないときは…123
・TOC（制約理論）とは…124

・マネジメントの集中するところ：制約…126
・どの課題に集中すべきなのかを見つける…128
10．ビジョンをブラッシュアップする
・3つの視点からビジョンを見直す…132
・経営者1人でつくったビジョンはたたき台とする…133
11．評価指標を考える
・評価指標を考える意味…134
・評価指標を立てるときの3つのポイント…135

第5章 ビジョンを根づかせる

1．ビジョンを根づかせるためにリーダーシップを発揮する
・なぜビジョンを根づかせるための努力が必要か…138
・ビジョンを根づかせるためにはリーダーシップが必要…139
・リーダーシップとは何か…140
2．毎日ビジョンに触れるような環境をつくる
・なぜ工場には標語やスローガンが多いのか…141
・ビジョンを唱和する習慣をつける…143

・ビジョンについて話をする機会を設ける…144
3. できたことを評価する
・報酬や評価を得られる仕組みをつくる…144
4. ゴールから遡って中間目標を立てる
・ゴールに辿り着けそうな中間目標を設定する…145
・中間目標の設定のしかた…147
5. 現在地点を整理する
・行ってきた考え方や物事の見方などを整理する…148
6. 目の前の問題を学びに変えていく
・目標の実現が困難な理由ばかりあげる人がいたら…150
・目標の達成が困難な理由…151
・なぜなぜ分析…153
・ミステリー分析…155
7. 経営に大きな影響を与えるような出来事が起きたとき

第6章 対話の習慣を身につける

1. ビジョンの実現に対話はなぜ必要か

・ビジョンの実現になぜ人々は抵抗するのか…162
・何に抵抗しているのかを知るためには対話が重要…164
・対話とは何か…164
・対話は相手の言うことを鵜呑みにすることではない…165
・対話は自分の思っていることに疑問符をつけること…165
・ビジョンをつくり、会社に根づかせるためには対話は重要…166
・対話と会話、議論との違い…167

2. 対話を行うことに慣れる

・対話には練習が必要…169
・経営者の対話を妨げる4つの要因…170
・議論では解決できないこと…172
・対話を習慣化し、議論と使い分けをする…174

3. 対話をどのように行えばよいのか

・対話の場を設ける…175
・テーマを決める…176
・スケジューリングを行う…176
・参加者と場所を決める…177

・基本的なルールを決めておく…177
・対話を行うときの心がまえ…179
・対話の練習をするワーク…183

4. 対話を促進させるツールを使う

①社員を理解するためのツールを使う
・仕事ぶりだけで社員を判断すると対話がうまくいかない…184
・相手がどのような欲求を持っているのかを理解する…186
・2つの軸から相手の欲求を理解する…188
②意見の対立を図式化し、対話を促進させる
・対話の途中で対立が起きたら…191
・対立を解消するためにツール・クラウド…192

あとがき

第1章

ビジョンをつくり、社員と共有することがなぜ大切なのか

S社ヒロシ社長の事例

なぜビジョンをつくり、社員と共有することが大切なのでしょうか？　わざわざビジョンをつくり、社員と共有しなくても経営者のできることはたくさんあります。経営に日々携わっていると「あれをしたい、これをしたい」といったアイデアが出てくるし、アイデアを実行することで成果につながることもあります。

しかし1人の経営者がアイデアを考え、出し続けることには限界があるのではないでしょうか？確かに誰も思いつかないようなアイデアを出し続けることができる才能に溢れた人もいますが、すべての人がそうではありません。例え最終的には経営者が1人で決めるにしても、どのように経営を行っていくのかは社員を始め、会社に関わるさまざまな人の意見や考え方を交えた中で生まれてくるように思います。

お互いに賛同できるビジョンがあれば、それをもとに意見や考え方を交わすこともできるし、経営者が気づかなかったアイデアも得ることができるでしょう。決して経営者1人では成し得ないことを行う力がビジョンにはあります。

この章ではS社の経営者であるヒロシさんの事例を取り上げます。ビジョンをつくらなくても何ができたのか、ビジョンをつくらなかったことでどのような問題を抱えたのか、そしてビジョンをつくり、社員と共有したことで何が起こったのかについて見てみましょう。

父親から突然言われ、事業を継ぐことに

S社は大手メーカーに器具を収めている中小製造業です。売上は数億円規模の会社ですが、ニッチな市場で独自の技術を持ち、安定した業績を上げ続けています。ヒロシさんは現在60歳近くになる2代目社長です。

会社を継いだのは20年以上も前ですが、もともとS社で働いていたわけではありません。S社とは何の関係のない仕事をしていたときに父親から突然呼び戻されたのです。

ヒロシさんは当時、外資系メーカーの日本法人に転職して3年目を迎えていました。上司に当たる日本法人の社長からの信頼も得てさまざまな業務を任されるようになり、仕事への面白みを感じていた頃です。また前々から父親には「家業は継がなくてよい、自分の好きなことをしろ」と言われていたので、父親の後を継ぐことはまったく眼中にありませんでした。そのためS社のことにも関心がなく、どのような仕事をしているのかさえ詳しくは知らなかったのです。

父親から家業を継ぐように言われたときは彼にとって青天のへきれきでした。

手の平を返したように「家業を継げ」という父親の言葉に彼は当然のことながら反発し、断ったそうです。しかし1年近く説得を続けられ、最終的には引き継ぐことを決意します。

なぜ彼は父親から経営を引き継いだのでしょうか？　彼が経営を引き継ごうと決意したのにはこれまでの彼の生き方が影響しています。

ヒーロー遊びが好きだった子ども時代

ヒロシさんはS社の創業者で父親の次郎さんが50歳、母親のセツさんが33歳のときに生まれた子どもです。兄弟姉妹はなく、ひとりっ子として育ちました。

子どもの頃は両親と遊んでもらった記憶がないそうです。父親は毎日仕事で帰宅が遅く、母親もあまり遊んでくれなかったからです。物心がついてからはほとんど家の中で1人遊びをすることが多かったそうです。友達もいましたが、友達の家に行っても居ない日もあったので、そういう日は1人で遊ぶしかなく寂しかったといいます。

1人でいることが多い彼にとって唯一の楽しみはソフビ(ソフトビニールの略)を使ったヒーローごっこでした。ウルトラマンが流行っていてテレビをよく見ていたと言います。当時を振り返って彼は「ヒーローごっこをしていたのは1人でいるのが寂しかったからだと思います。いろいろなソフビを自分の周りに並べて遊んでいると、そのときは寂しさを忘れられましたから」と言います。

父親のこと

ヒロシさんの父親への印象は「とにかく頑固。一度言い出したら引っ込まない人。普段は無口で息子には何も喋ってくれないけれど、こっちが間違ったことをするとめちゃくちゃ怒る人だった」そうです。彼の小学生のときのエピソードを話してくれました。

「学校の放課後に父が車で迎えに来てくれたことがありました。その日は小雨が降ったので傘を持っていったのですが、車に乗ろうとしたとき、傘を教室に置き忘れたことに気がつきました。取りに戻るのも面倒くさくて、そのまま車に乗ろうとしたんです。すると父は怒り出して傘を取りに戻るまで許してくれませんでした。私も頑固な子どもだったので、そのまま車に乗ろうとしたら父はドアを開けたまま車を走り出させようとしました。あのときは数メートルほど足が引きずられて怖かったです。

今なら児童虐待に当たると思いますが、父は怒ると手が付けられませんでした。頬に手形が残るくらい叩かれたり、両足を持って逆さ吊りにされたりしたこともあります。正しいことは正しい、間違っていることは間違っていると白黒はっきりさせる人でした。私も間違っていると思うことは許せない性分で、たぶんこれは父親譲りだと思います。

子どもの頃はガキ大将のやっていることが許せなくて、喧嘩が弱いのによく立ち向かっていきました。そのくせ泣かされて帰ってくるのですが（笑）。ガキ大将からは弱いのに向かってくるので、不思議に一目置かれました。変わった奴と思われたのでしょう。友達になったガキ大将もいます」

母親のこと

ヒロシさんの母親の印象は「やさしいけど、どこか人を寄せ付けない、きつそうな人だった」そうです。

「私は食べ物の好き嫌いが激しかった子どもでした。でも母は無理に食べさせようとはせず、私が食べることができるものをいつもつくってくれました。それに病弱でよく熱を出す子どもだったのですが、そのときはとても優しく一生懸命看病してくれました。でも普段は一緒にいてもタバコばかり吸っていて、子どもの私には近寄り難いところがありました」

「4、5歳の頃だったと思います。ある日母が家出をしました。いつの間にかいなくなって、日が暮れても帰ってこなかったので不安だったのを覚えています。暗くなってから父が帰ってきて、私を会社に連れて行きました。会社には畳の部屋があったので、そこに泊まったのです。

翌日には母は家に帰ってきたのですが、私を抱きしめながら『ごめんね』といって泣いていました。あのときは子どもながらに母のために何かしなきゃと思いつつ、何もしてあげることができなかった。今でも自分にできることはなかったのかと、思い出しては考えることがあります」

彼の母親は教育熱心でもあったそうです。

「母は私が医者になることを望んでいました。父が一度会社を倒産させているので、そのときに味わった苦労を私にはさせたくないと思ったのでしょう。当時、収入が安定していて稼げる職業は医者でしたから」

「小学校も私立の進学校に行かせようとしていました。幼稚園の受験準備のクラスに入れさせられたのですが、私のできが悪く受験には失敗してしまいます。

すると今度は、私を某有名公立高校に進学させようとして、その高校の近くに家を借りました。

当時、学区制と呼ばれる制度があって、その高校を受験するためには同じ学区の小中学校に通わなければいけなかったからです。新しく家を借りても今まで住んでいた家も残っています。小学校から中学校までは平日は借りた家に住んでそこから学校に通い、週末は今まで住んでいた家に戻るという生活が続きました」

好奇心・探求心を身につける

ヒロシさんは興味の幅が広く、何でも調べないと気が済まないと言います。経営者になった今でも毎年100冊近くの本を読んでいるそうです。彼の好奇心や探求心はどこから来ているのでしょうか？

「母からは医者になれと強く言われていたものの、勉強はあまり好きではありませんでした。授業中はぼうっとしていることが多くて、塾にも通いましたが先生の言っていることについていけませんでした。参考書もたくさん買ってもらいましたが、机の上に積読するほうが多かったです。成績もいつもクラスで真ん中あたりか、その下辺りでした。特に理数系の科目、算数や数学、理科はまったくわかりませんでした。中学の進路指導の先生からは狙っていた公立高校への進学は無理だと断言されました」

「ずっと鳴かず飛ばずの成績でしたが、中学2年の半ばくらいから少しずつ伸び始めました。英語と歴史が好きになってきたからです。

英語は辞書をいちいち開くのが面倒くさくて苦手な科目の1つでした。でもある日、5つの文型（SV、SVC、SVO、SVOO、SVOCのこと）を覚えれば英語は簡単だということに気がついたのです。目の前が開けたようでした。すると今度は自分から辞書を開いて単語の意味を調べることが面白くなり、どんどん英語が読めるようになったのです。中三の終わりには英語は最も得意な科目になりました。

歴史が好きになったのは担当の先生がユニークな授業をしていたためです。その先生は少し変わった先生で、自分では授業はせずに代わりに生徒に授業をさせていました。生徒1人ひとりに教科書の範囲を割り当てて、生徒が調べたことをクラスで発表させていたのです。人に教えるという体験をしたのはこのときが初めてでした。私が受け持ったのは安土桃山時代でしたが、人に教える以上手は抜けません。机の上に積読していた参考書を引っ張りだして自分で調べ始めました。調べ始めると自分でも理解が進み、これが面白くて仕方ない。みんなの前で発表して高揚感を得たのを今でも覚えています。

英語や歴史が好きになったことは自分の財産だと思います。このころからいろいろなことに興味を持っては自分で何でも調べるようになったのですから」

母親の自死

ヒロシさんは公立高校への進学はできませんでしたが、私立の有名進学校に合格します。苦手な数学や理科は点数がひどかったそうですが、英語と社会でカバーして合格にこぎつけたそうです。合格できるかどうかは半々くらいの確率だったので合格したときは嬉しかったそうです。

「合格したときは嬉しかったですが、母はあまり喜んだふうではありませんでした。理数系がダメだったので、医者にはなれないことがわかりがっかりしたのだと思います。私もそのことに申し訳なく、引け目を感じていました」

ヒロシさんが高校に進学して間もなく、彼の母親が自死します。彼が高校に通うようになってから両親の言い争いが絶えなかったそうです。

そして夏の暑い日に1人で家を出てフェリーから身を投げました。このことは当時の地元の新聞にも載ったそうです。

「高校に入ってから父母の言い争いが絶えませんでした。母の顔がいつもより険しかったのを覚えています。一度父母だけで旅行に行き、そのときは母も機嫌よく帰ってきたのですが、しばらくすると再び言い争いが起こりました。

夏休みに入った頃のことです。私の目の前で父母の言い争いが始まり、母が家を出ると言い出しました。母は私に『一緒に家を出て欲しい』と言います。言い争いを見るだけでも嫌だったのに、そんなことを言う母に腹が立ちました。『家を出るなら1人で出ていけばいい』と口走ってしまったのです。母はその言葉にショックを受けたようで1人で出ていこうとしました。出ていこうとする母の姿を見て私の中に怒りが湧き起こり、我を忘れて母の頬を叩いてしまいました。父が『親に手を出すのはあかん』と止めに入ったのですが、そのときの父の悲しそうな顔を今でも忘れません」。

その場はそれで収まったそうですが、その夜皆が寝静まった後に彼の母親は1人で家を出ます。そして自死したのです。母親の死がわかり、死体と対面したのが2日後でした。この頃のことは記憶が喪失してしまい、はっきりとは覚えていないそうです。

父親への遺書は残されていましたが、そこには息子のことを頼みますとだけ書かれていました。「母の自殺を止められず、自分は何もできなかった。今から思えばこのときの体験がその後の自分の生き方を決めたように思います」と彼は言います。

宮城まり子さんに憧れて社会福祉学を専攻する

ヒロシさんの母親が亡くなってからは父親と2人で暮らしました。父親は相変わらず息子には無口で、2人でいても会話をすることもなく過ごしたそうです。

「母の自殺の原因は父母の言い争いにありましたが、私は父を責める気にはなれませんでした。自分にも責任があると感じていましたから。それに残された肉親は父だけだし、私は父の50歳のときに生まれた子どもです。父はすでに老年期に入っていました。血圧が高く、ときどき酒に酔っては帰ってくるので身体も心配でした。父まで失うのが怖かったんです。何より父のことは尊敬していたし、好きでした」

父親を尊敬し、好きだという彼の言葉には、彼にとって忘れられない光景があるからだそうです。

彼の母親がまだ生きていたときの思い出です。

「ある日、母に用事を言いつけられて、父の会社に行ったことがあります。道を曲がって会社を見ると父の姿が見えました。シャツ1枚になって汗を流し、他の社員と一緒に働いていたのです。父は社長で一番えらい存在だから事務所にでもいるのだろうと思っていたので、その姿は意外でした。むしろかっこういいとさえ思いました。あのときから自分の中で父を見る目が変わり、父のような人間になりたいと思いました」

2学年になると将来の進路には悩んでいたそうです。

「自分には医学部は無理にしても、大学への進学は亡くなった母の願いだったので大学には行こうとは思いました。しかし大学で何を学ぶのか、一体自分は何がしたいのかとなると、思い浮かばず悩んでいました。父のことは尊敬していたとはいえ、会社の後を継ぐという考えはなぜか浮かびませんでした」

「進学について悶々と過ごしていたときに図書館で出会った本がありました。宮城まり子さん編の『としみつ』という本です。宮城まり子さんは女優で、日本で初めて民間で肢体不自由児のための施設、ねむの木学園を設立した方です。『としみつ』はねむの木学園のとしみつ君とまり子さんの画文集です。

としみつ君の描いた絵はどの絵をとっても赤や青、黄色や緑など色彩が鮮やかで、見ていて心が洗われるようでした。『障害があるのにどうしてこんなに人の心を動かす絵を描けるのだろう？』

と感動したのを覚えています。このような子どもたちの役に立つ仕事がしたいと思いました。

ある日、大阪梅田の旭屋書店で宮城まり子さんのサイン会があると聞き、見に行ったことがあります。サイン会の対象になっている本は当時で４０００円くらいしたと思います。高くて自分の小遣いでは手が届かなかったので、遠目からせめてまり子さんがどのような人かを見ようと思いました。

サイン会に出てきたまり子さんは顔色が優れず、声もかすれており一目で体調を崩していることがわかりました。それでもまり子さんはサインを求めて並んでいる読者１人ひとりに丁寧に声をかけて接していたのです。

この女性は他者の誰にでも愛をもって接することができる人だと思いました。そして決心がついたのです。私もまり子さんのように困っている人の役に立てる人間になりたいと思いました」

ヒロシさんはその後、大学で１人暮らしの高齢者宅への訪問ボランティアをしながら、大学で社会福祉学を学んだそうです。そして卒業後は精神科の診療所でソーシャルワーカーとして働きました。彼の父親は何も言わず、認めてくれたそうです。

診療所で社会人として大切なことをすべて学ぶ

ヒロシさんがソーシャルワーカーとして働いたのはわずか5年間でしたが、すべてのことはここで学んだと言います。

「診療所では多くのことを学びました。いろいろな悩みを持った人が診療所を訪れるのですが、初めて訪れる人には私か看護師長が相談を受けます。必要に応じて定期的なカウンセリングをしたこともあります。また診察に必要な心理テストも行いました。

院内に開設されたばかりのデイケアも担当しました。デイケアとは心の悩みを持った人たちが決まった時間に集まって、運動や創作活動などを行うプログラムのことを言います。さまざまな症状を持った人が集まって話をしたり身体を動かしたりするので、その時間だけは職場や家での生活のことを忘れることができます。本人の心の安定や対人関係の安定につながるのです。

こういったことがソーシャルワーカーとしての仕事なのですが、小さな診療所だったので、この他にもいろいろと仕事を任されました。院長が行う院内講座のサポートや院長の手紙の清書、健康保険組合への医療報酬の請求業務、経理事務やその他の雑務です」

「ただ最初からすべてができたわけではありません。当時の私はどちらかと言えば初めてやることと、慣れないことには他の人以上に抵抗するほうでした。ある日、院長がワープロを買ってきて私にこれを使って書類を書けと言ったことがあります。ワープロなど使ったこともないし、できませんと言うとひどく叱責を受けました。一事が万事、こんな調子だったのです。でも院長に叱責されながらやっていくことで仕事の幅を1つひとつ拡げていくことができました。診療所での経験は自分の殻を破って、いろいろなことを挑戦するきっかけをつくってくれたのです。社会人として大切なことはここですべて学んだように思います」

S社を継ぐことを決心する

ヒロシさんは結婚後、しばらくして診療所を辞めます。

「診療所を辞めた理由の1つは給料でした。医療の人事体系は医師を頂点としたピラミッド構造です。ソーシャルワーカーはその中の一番底辺にいるからとにかく給料が安かったのです。私が診療所で働いていたときはバブルの真っただ中で、世間の人々はリゾート地や高級ディスコに出かけたり、ブランドもののバックや宝飾品を買いまくったりしていましたが、私はまったくそういうことは一切無縁でした。

もちろん就職するときに給料の安さは覚悟していたのですが、結婚をするとそういうわけにもいかなくなります。最初は共働きだったのですが、妻が体調を壊して仕事を辞めざるを得なくなりました。そうなると自分1人の稼ぎで家族を養わないといけなくなります。何とかしなければと焦っていました。

それに診療所に勤めるようになってから自分も体調を崩しがちでした。20年も後になってわかったことですが、無呼吸症候群になっていたのです。将来のことを考えると精神的にも体力的にもこれ以上は無理だと思いました」

「診療所を辞めた後、ＩＴ企業の経理に転職しました。でも3年ほど経つと、その会社も業績が悪化して再び転職先を探さざるを得なくなりました。このときの転職先が外資系メーカーの日本法人です。ここに転職するときは父にも相談しました。二度目の転職だったので転職はこれで最後にしたかったし、父の会社に入ることも考えていたからです。しかし父からの返事は『家業のことは気にしなくていい、自分の好きな道を歩んだらいい』でした」

「外資系メーカーに転職してやっと収入も安定し、体調も回復しました。最初は経理の仕事で入ったのですが、日本法人の社長に信頼されて人事や総務的な仕事、輸入関連の業務などいろいろな仕事にチャレンジさせてもらえるようになりました。特に海外の本社主導のプロジェクトに参加したときは勉強になったし、とても有意義な時間でした」

そして３年目を迎えたある日、ヒロシさんは父親から会社を継ぐように言われます。

「いきなり父から会社を継ぐように言われたときはビックリしました。仕事は楽しかったし、辞める気はありませんでした。それに転職する前に一度父には相談しています。なんで今さらそんなことを言うのかと反発心も覚えました。それに自分は率先して人を引っ張るタイプではないので社長には向いていないとも思いました」

「最初は断っていたのですが、１年くらいかけて説得されました。当時の取締役である私の叔父も説得に来ました。ただ父はもう88歳で、米寿を迎えていました。会社には出ていたようですが、身体のことが心配でした。若い頃に起こした事故で痛めた足が悪くなっていたのです」

「父が困っているのに放っておくことはできませんでした。何より私は父のことが好きでした。もし断り続けてしまったら、自分が助けられなかった母のように父も同じ目に遭わせてしまうのではないかと思いました。そして最後には継ぐことを決心しました」

最初は右も左もわからず、父親の一言で自分の役割を決める

こうして事業を継いだヒロシさんですが、最初は右も左もわからなかったそうです。

「S社に入る前は社屋が木造で老朽化していることだけは知っていましたが、それ以外のことは何も知りませんでした。S社の製品がどこでどんなふうに使われているのかさえ知りませんでした。ニッチな製品だったし、会社のホームページもなかったので調べようがなかったのです。手に入ったのは過去3年間の財務資料だけです。会社に行けば何らかの引き継ぎがあるだろうからそのとき詳しく聞こうと思っていましたが、私が初めて出社したその日に父は出社しなくなりました」

「取締役の1人も私が来て数日後には『あとはよろしく』と言って退職しました。その人も歳を取っていたので引退したかったのでしょう。今から思えばよくこんな状況で会社を継いだなと自分でも思います。幸い営業の取締役だった叔父と工場を管理している取締役が残って仕事を回してくれました。会社にお金はありませんでしたが、黒字は保っていました。社長として自分に何ができるのかがわからなかったので、とにかく会社のことを把握しようとしました」

ヒロシさんは社員全員と1人ひとり面談したり、工場に入って作業を体験したりして会社のことを把握していったそうです。

「父は会長職には留まっていましたが、その後も会社に来ることはありませんでした。膝の手術

をしたのですが、結果が思わしくなくて寝たきり状態になってしまったのです。私のほうは相変わらず会社の中で右往左往していましたが、売上や利益などの経営成績だけは知らせなければと思い、毎月父の家に出向いては報告していました。そんなある日のことです。私が報告を終えて帰ろうとすると『もう会社は畳んでいいよ』と、ボソッとひとこと言ったのです。会社のことを私にすべて押し付けたという申し訳なさがあったのかもしれません。

でもこの言葉を聞いて私はむしろやる気が起きました。父のこの言葉の裏には自分の創った会社を将来も残してほしいという気持ちがあるのを感じたからです。このとき私は自分の役割を『この会社を次の世代に残すことだ』と決めたのです。小さな会社だけれど100年、150年続くような会社にしたいと思いました。父はそれから3年ほどして亡くなりましたが、私の中にはずっとこの気持ちは残り続けています」

ビジョンはつくらず、課題に取り組むところから入る

ヒロシさんが会社のことを把握していく中で社内に3つの課題があることに気づきます。1つは社屋の老朽化、2つめは社員の世代交代、そして3つめは会社を管理する仕組みがないことです。

「1つめの社屋の老朽化についてですが、当時の工場は本社工場と第二工場に分かれていました。本社工場で造った製品を第二工場に運び、そこで仕上げるという流れです。両方の工場とも古い木造で耐震性に問題がありました。特に本社工場はひどくて2階の床が抜け落ちそうになったり、震

度3の地震で社員が避難したりしないといけない状態でした。

それに素人の私から見ても効率の悪い製品のつくり方をしていました。工場の中が狭くて、その中を製品が行ったり来たりしていたのです。本社工場から第二工場に運ぶ時間も無駄な時間のように思えました。生産性を上げるにはもっと広い土地に移転して工場を建て直す必要があったのです。しかし新しい土地を購入するにもお金がなかったので、これを何とかする必要がありました。

2つめの課題は社員の世代交代をスムーズに行う必要があったことです。社員の年齢構成は半数近くが50歳代のベテランで、残りの半数は20歳代の若手ばかりでした。当時は60歳で定年を迎えるので、あと数年もするとベテランが1人もいなくなります。ベテランがいなくなれば技術が継承されず、業務に支障をきたしてしまう危険性がありました。

3つめは会社を管理する仕組みがないことです。会社はベテランが中心になって動かしていたのですが、それぞれの人が自分のやりやすい方法で仕事をしていたのです。マニュアルもなかったので、後任の人や隣の席の人は彼がどのような仕事のやり方をしているのかがわかりませんでした。

例えば営業部はベテランばかりでしたが、それぞれの人が自分の顧客を受け持ち、顧客への見積価格も自分の判断で決めていました。その人が辞めてしまうとなぜこの価格で見積もっているのかが誰にもわからず、顧客からの見積依頼に応えることができなかったのです。ベテランの行っている仕事を誰もができるように管理する仕組みが必要でした」

こうして彼は3つの課題に取り組んでいくのですが、このときはビジョンという言葉もその意味も知らなかったそうです。しかし彼の中には会社の将来のありたい姿があったはずです。なぜなら課題とはありたい姿と現状の差から導き出されるので、ありたい姿が彼の中になければ課題は出てこないからです。

では彼の中にある会社のありたい姿とは何でしょうか？　それは彼が自分の役割として決めたことを見れば一目瞭然です。彼は自分の役割を「次の世代に会社を残すこと」だと決めました。このことから彼が思い描く会社のありたい姿がわかります。それは「次の世代に残る、１００年、１５０年続くような永続性のある会社にすること」でしょう。

なぜ社屋の建て直しや世代交代、会社を管理する仕組みを課題としてあげたのかという理由も彼の中のありたい姿がわかれば理解できます。永続性のある会社にするのなら当然社員が安心安全に働ける環境が必要だし、世代交代をスムーズに行ってベテランと若手との間が途切れることなく業務が回るようにしなければいけません。また人により仕事のやり方が変わるのも問題でしょう。会社の中に管理する仕組みが必要です。

しかし彼はこのありたい姿を社内に提示し、社員と共有することはありませんでした。「会社にはこういう課題がある」ということさえ共有しませんでした。彼は課題を解消するために何をすべきかを自分だけで考えて取り組んでいったのです。ありたい姿があるのに言葉として社内に提示されず、共有もされていないビジョンを私は「隠れたビジョン」と呼んでいます。

この隠れたビジョンがあるとき、会社に何が起こるのかを次に見ていきます。

課題に集中して成果を上げる

ヒロシさんは3つの課題を解消するために何をすべきかを考え、次々と社内改革を行っていきました。

「最初に管理の仕組みをつくるところから始めました。ベテランがどのような仕事のやり方をしているのかを見えるようにして、社内の誰もがわかるようにしたかったからです。いろいろと調べていくうちにISO9001という国際規格が使えそうなことがわかりました。

ISO9001とは会社が提供する製品やサービスの品質を維持・向上させるための管理の仕組みを規格としてまとめたものです。例えば顧客に提供するものが製品であれば、原材料を加工して製品をつくり、出来上がった製品を検査して合格したものを出荷します。このとき加工、検査、出荷というそれぞれの業務でどのようなことを行っているのかを誰もがわかるようにマニュアルにしたり、合格基準を決めたりして管理の仕組みをつくっていきます。

適切な管理の仕組みがあれば一定の品質基準のものを顧客に提供することができるようになり、さらに品質を向上させるのにも役立ちます。この管理の仕組みをつくるためのルールがISO9001です。

ISO9001の認証取得を受けるためにはベテランの業務を否が応でも見えるようにしなければいけません。幸い取引先からも認証取得を求められていたので導入に反対する人もなく、課題を解消するには打ってつけでした」

「世代交代の課題については中途採用者を募集することで解消していきました。中途採用者は即戦力になるし、他業種での経験があるので外からの知識を社内に生かすことができます。

もっともベテランがどのようなノウハウを持っているのかを見えるようにしなければ、そのノウハウは受け継がれません。外部のコンサルタントの力を借りてベテランに聞き取り調査をしてもらい、ノウハウを教える教育訓練のプログラムを立ててもらいました」

「新しい工場を建てるには売上と利益を伸ばして、お金を貯めることが必要です。そこで当時の業界では珍しかったホームページを立ち上げて、自社製品の情報発信を行っていきました。立ち上げてみると今までとは違う分野の顧客から問い合わせをもらい、新しい市場の開拓にもつながったのです」

「次に製造部門の改革にも着手しました。最初に取り組んだのが3S活動です。3Sとは整理、整頓、清掃の頭文字のことで、不要なものは捨て、要るものを残して必要なときにすぐに取り出せるようにする改善活動のことです。常に工場を綺麗にして必要なものをすぐに使えるようにすることで作業の効率化を目指します。ベテランが行っている仕事も3S活動を通してマニュアルをつくり、見えるようにしました。

またゴールドラット博士のTOC（制約理論）も導入しました。TOCを導入すればISO9001の仕組みと併せて生産の流れが管理でき、また注文を受けてから顧客に届けるまでの時間も大幅に短縮できることが見込めたからです。顧客の望む期日通りに製品を納めることができれば、顧客からの信頼を勝ち取って売上を伸ばすことにもつながります。導入を行うことで生産にかかる時間が4割近く短くなった製品もありました」

「ベテランが退職していき若手が中心になってくると、その中から経営幹部を選んで経営会議を開くようにしました。今までは経営会議を開いたことがなく、部門間の情報の共有ができていなかったからです。経営会議を開くようになって部門間にまたがるような顧客からのクレームや業務上の課題を経営幹部と話し合えるようになりました」

これらのことを行った結果、S社は世代交代もスムーズに進み、売上・利益とも少しずつ伸びたそうです。そして彼が社長に就任して8年目に新しい工場を建て直すことを実現します。彼が成果を上げることができたのは最初に課題を明確にしたためです。言葉に表し、共有されたビジョンがなくてもトップが課題を明確にし、そこに取り組みさえすれば成果を上げることができます。しかしこのやり方は次に述べるような問題もありました。

ワンマン経営だと言われショックを受ける

社内の改革も進み、新しい工場を建て直したヒロシさんですが、課題を解消することばかりをやってきたことへの問題も浮上しました。

「私のやり方は経営幹部であるマネージャーへの負荷が高かったのです。そのため会社を辞めたり、体調を壊したりしたマネージャーが出てきました。

これからどのような取り組みを行っていくのかはすべて私の頭の中にあります。そして新しい取り組みを行おうとするたびに私はマネージャーに指示を与えていきました。しかし実際に現場で実行していくのは彼らです。自分たちでやり方を考え、社員を動かして成果を上げなければいけません。成果を上げることが彼らの評価につながるからです。

ところが私のほうでも彼らの行いを見ています。彼らのやり方や考え方がおかしいと感じると、私は容赦なくダメだしを行っていました。

例えばS社では毎年マネージャーが目標を立てるのですが、私のダメだしが出ると目標を考え直さなければいけません。彼らは私の期待に応えようと一生懸命考えて出し直すのですが、私が満足しないとまたダメ出しをします。そういったことを繰り返すうちに私のほうでもこれ以上彼らからよい目標はでないだろうと妥協してしまう。

一方、彼らのほうからすると、結局は社長の言うままになってしまう感じがする。お互いが何かしらの不満を持ちながら終わっていきます。

また目標に向けて実行しようとすると部下となる社員にも動いてもらわなければいけません。社員がマネージャーの意図をちゃんと汲み取って動いてくれればよいのですが、実際はそうはいきません。社員は社員で自分たちのものの見方や考え方があるからです。

マネージャーは決められた目標を達成しないといけないし、私と社員との間に挟まれてストレスが高まります。『社長の経営がわからない』といって不満をぶつけるマネージャーもいました。また不満やストレスが溜まって会社を辞めるマネージャー、逆に不満やストレスを溜めてでも私の期待に応えようとして体調を壊し、仕事中に倒れてしまったマネージャーもいました」

「ある日、口コミサイトでS社についてのコメントを見つけました。そこには『S社はワンマン経営だ』と書かれていたのです。辞めた社員が書いたのでしょうが、これは私にとってショックでした。ワンマン経営などしているつもりは毛頭なかったからです。私がやりたいことはこの小さな会社を100年、150年と続くような会社にすることです。

当時の会社は安定した売上をあげていた分、社員には危機感がありませんでした。S社のような小さな会社は経済環境や顧客の動向が変わればたちまち倒産の危機に陥ります。私がマネージャーをはじめとした社員に指示したり、ダメ出ししたりするのはもっと社員に会社の外の世界を見て会社の将来のことについて考えてほしかったからです。

しかし彼らのほうはそんなふうに受け取ってくれませんでした。この出来事にはしばらくへこみました」

海外進出の失敗を機に後継者の育成を社内に宣言、ビジョンをつくる

ヒロシさんの言葉を続けます。

「ちょうどその頃、さらに売上を伸ばそうと思い海外進出を行っていました。たまたま海外から

一緒に仕事をしないかというオファーがあって現地に工場を設けることにしたのです。しかし現地での売上がなかなか伸びず、品質も不安定だったことから赤字から脱却することができませんでした。累積赤字も大きくなってこれ以上はもたないと思い、現地のパートナーとの関係を解消して撤退しました。

私は海外進出がうまくいかなかったことで、これからどうすればよいのかがわからなくなりました。ただよかったと思う面もありました。私が指示を出さなくてもマネージャー同士が会社のことを自分たちで話し合うようになったことです。それを見て私の気持ちは固まりました。

次の後継者を育てようと思い、そのことを社内に宣言したのです」

「このとき私は50歳代半ばだったので年齢的に後継者をつくることは早すぎるのではと言う人もいました。しかし後継者の育成には何年もかかります。私の後継者には私のように突然事業を引き継いで苦労をしてほしくなかったのです。

後継者は社員から選びました。私の息子はまだ若かったし、別の道を歩んでいたからです。それに100年、150年続くような会社にするためには自分の親族であるかどうかは関係なく、会社を経営する力を持った人が引き継ぐべきだと思っていました。例え息子が会社に入っていたとしても、息子に力がなければ継がせることはないでしょう」

「後継者を指名したとき、彼は自分で大丈夫なのか、経営者にふさわしいのかと悩んだそうです。他の社員の中にも彼を後継者にすることに快く思わない人がいました。社員を引っ張っていく力が彼にはないと思ったからです。しかし彼には他の人の意見や考えを聞いて、まとめあげる力があります。そのよさを生かせばよい経営者になるのではないかと思いました。またいつも顧客のほうを向いて考えようとするところにも惹かれました」

「後継者を決めて彼を経営者として育成していくと同時に、次に『今、会社には何が足りないのか』を考えました。私が出した答えはビジョンをつくって社内で共有することです。会社のありたい姿を描いて、社員と共有できれば社員は自分で何をすればよいのかを考え始めます。私からの指示やダメ出しによるストレスからも解放されるのではないかと思いました。またビジョンを実現するために社員からいろいろな意見や考え方も出てくるでしょう。後継者である彼なら社員から出た意見や考え方を聞いて、まとめあげることができるはずです。彼の強みも生かせると思いました」

ヒロシさんはビジョンをつくるに当たり、プロのコーチからコーチングを受けることにしました。コーチを受けながら今まで歩んできた人生を振り返り、後継者と一緒にビジョンをつくっていったのです。またビジョンを社内に発表する前には社員からも意見を聴いて社員にも受け入れやすいものに変えたそうです。

このときにつくったビジョンは「お客さまの悩みを解消できる新製品を開発して、社員全員で誰もが『この会社でよかった』と思える会社をつくる」というものでした。新製品の開発をビジョンの中で謳ったのはS社では15年以上にわたり新製品を開発してこなかったからです。ヒロシさんも彼の後継者も技術革新のスピードについていけなければ会社の将来は危ういという危機感を持っています。

コーチングを受けながらビジョンをつくったプロセスについては第４章で詳しく述べていきます。

ビジョンをつくり、社員と共有することがなぜ大切なのか

経営者であれば誰もが「こんなふうにありたい」という会社の姿を持っています。それが漠然としたイメージである場合もあります。問題はありたい姿をビジョンとして言葉で表現し、社員に示して共有できるかどうかです。もし会社のありたい姿が経営者の中にしかないのであれば、ありたい姿を実現するために何をやるのかも経営者が１人で決めなければいけません。アイデアが出るうちはよいでしょうが、出てこなければそれ以上には前に進めません。Ｓ社の場合、ヒロシさんには「次の世代に残る、１００年、１５０年続くような永続性のある会社にすること」という隠れたビジョンがありました。この隠れたビジョンがあったからこそ、継いだ当初は右も左もわからない状態であったのにも関わらず短期間で取り組むべき課題を明確にできたのです。その結果、売上・利益の増加や世代交代、工場の建て直しなどの成果をあげることができました。

しかしビジョンを言葉で表現し、社員と共有しなかったために最終的には彼がすべてを決めなければいけませんでした。そして海外進出が失敗に終わったことで会社の成長にも行き詰まりを見せたのです。

またビジョンがなければ上から下への指示命令となりやすくなります。指示命令ばかりだと社員からは「この社長には何を言っても無駄だ」という雰囲気が生まれ、モチベーションも低下します。S社でもヒロシさんは辞めた社員からワンマン経営だと批判されています。

さらに中間管理職は経営者と社員との間に挟まれて相当なストレスを受けるはずです。実際にS社でもマネージャーの辞職や心身への不調という形で現れています。

会社の将来のありたい姿をビジョンとして言葉で表現し、社員と共有できれば何をすればよいのかを社員と話し合うことができます。いろいろな意見や考え方を交えることで新しいアイデアも生まれてくるでしょう。

例えばS社では新しいビジョンをつくることで新製品の企画室を設けたそうです。そして新製品のアイデアを募集したところわずか数週間のうちに40件ものアイデアが集まりました。そのうち1件は数か月のうちに新製品として販売される予定です。ヒロシさんも「新製品を開発する試みは今までもやったことがあるが、うまくいかなかった。こんなにスピーディーに進むとは思わなかった」と言います。

また共有されたビジョンは社員のモチベーションを上げます。ありたい姿がわかることで今できる最善のことは何かと考え始めるからです。S社で数週間のうちに40件ものアイデアが出たということは、ビジョンの実現のために何ができるのかを社員が自分で考えはじめたからです。

最後にビジョンは会社の成長と共に発展していきます。S社の場合、ヒロシさんが当初持っていた「次の世代に残る、１００年、１５０年続くような永続性のある会社にすること」というビジョンはどちらかと言うと自社から見た視点で描かれたものです。ヒロシさんは後継者と一緒にビジョンを見直す中で「お客さまの悩みを解消できる新製品を開発」するというビジョンをつくりました。これは自社の視点から顧客の視点へと変化しています。会社が成長していく中でビジョンも自社から顧客、そして社会の中での役割へと発展していきます。

ビジョンをつくり、実現に向けて動き出すことでそこから新しい発見や気づき、これまでとは違う視点が得られます。そして新しい発見や気づき、視点からまた新たなビジョンを生み出すことができます。こうして会社は発展していくのです。

なぜビジョンをつくり、社員と共有することが大切なのか

・会社のありたい姿が経営者の頭の中にしかないのであれば、実現するために何をやるのかも経営者１人で決めないといけない。ビジョンがあれば気づかなかったアイデアを得ることもできる。
・共有できるビジョンがあれば実現するために何ができるのかを考えるようになる。社員のモチベーションも上がる。
・ビジョンをつくり、実現に向けて動き出すことでより新しいビジョンを描くことができるようになる。それは当初想像もしていなかったビジョンかもしれない。ビジョンを積み重ねることで会社は発展していく。

ミッション、バリュー、コンセプト、スローガンなどの言葉の意味

経営の勉強をするといろいろな言葉が出てきます。経営理念、社訓、行動指針、ミッション、ビジョン、バリュー、コンセプト、スローガン、etc…。特にカタカナや英語文字は毎年のように新しい言葉が出てくるので、あまりの多さに辟易することがあります。経営理念とビジョンの定義については第２章で述べますが、それ以外の言葉についてここで整理しておきます。経営するに当たってはそれぞれの言葉の意味と役割を理解することが大切です。

ミッション

経営理念とほとんど同義で使われています。経営理念の中でも特に社会の中でどのような使命を果たすのかを強調したいときにミッションという言葉を使います。

バリュー

事業を行う上で会社の構成メンバー全員が優先すべき価値基準のことで、行動指針に近い言葉です。違うのは行動指針がたいてい文章で表されているのに対し、バリューは行動指針をひとことにまとめて単語で示されるのが普通です。

社訓

行動指針のように使う場合もあるし、バリューの形で表す場合もあります。また理念の代わりに使うこともあり捉え方の範囲は広いように思います。

コンセプト

何か取り組みを行うときの一貫した考え方のことです。牛丼の吉野家の「うまい、やすい、はやい」がこれに当たります。事業全体だけでなく、プロジェクトを行うときにもベースとなる考え方として使われます。

スローガン

理念や運動の目的を覚えやすく簡潔に言い表したもので標語とも呼ばれます。野球でよく聞く「一球入魂」や「全力プレー」、工場で見かける「安全第一」などがこれにあたります。理念やビジョンを実現するために活動したり、目標達成に向けて行動したりするときに社員を鼓舞するために使ったりします。

第2章

ビジョンとは何か

ビジョンは経営理念に基づいて方向性を表すもの

経営者が事業に携わる経緯は人それぞれです。「独立して自由に仕事をしたい」という理由で創業する人もいれば、たまたま関わった仕事が面白かったので起業したという人もいます。また子どもの頃から事業を継ぐのは当然だと言われて経営者になった人もいれば、ヒロシさんのように急に事業を継ぐことになった人もいます。どのような経緯で経営者になったにしろ、共通していることは経営を続けていると「どのように社会に役立ちたいのか」を考え始めるということです。そして考えを言葉にしてまとめたものが経営理念です。

経営理念とはひとことで言うと「何のために、この事業を行っているのか」を述べたものです。社会における役割や使命、存在意義について述べたものであり、企業としての行動指針にもなります。例えば重大な意思決定を行うときに経営理念に立ち戻ることはよくあることです。また経営理念を社外に広めることはブランドイメージの向上に役立ちます。

人材募集を行うときも経営理念は有用です。採用された人の中には経営理念に魅力を感じたという人もいるからです。経営理念を社内に浸透させることができれば、社員の間に一体感を醸成できます。

「こんなふうに役立ちたい」を表したものが経営理念なら、そこから「こんな会社になりたい」と方向性を表したものがビジョンです。つまり会社の将来のありたい姿や成し遂げたいことを言葉で表現したものであり、経営理念に基づいてつくられます。

例えば「誠意と真心で最高品質の製品を提供し、社会に貢献する」という経営理念があったならば、ビジョンは「社会に役立つ、独自の技術を発信し続けるような会社になる」というふうに、これから会社の進みたい方向を明確に指し示すかたちで表します。

木に例えるのなら、経営理念が経営の土台となる根っこ、ビジョンはどの方向に成長していきたいのかを示す幹や枝なのです。

ビジョンは経営理念の浸透に役立つ

私がサラリーマンをしていた頃、事務所に置いてあるコピー機の近くの壁に経営理念が額縁に入って掲示されていました。コピーを取りながら額縁に書かれた文字を眺め「経営理念は何のためにあるのだろうか？」とよく疑問に思ったことを覚えています。自分の目の前の仕事とどんな関係があるのかがよくわからなかったからです。

こうして経営者になってみると、経営理念の大切さがよくわかります。経営理念には経営に対する自分の思い入れがすべて詰まっているからです。経営理念は経営者にとって経営の原点なのです。ましてや私のような小さな会社の経営者にとって経営は自分の生活そのものだと言ってよいでしょう。もし自分から経営を奪われたらその後は一体何をして過ごせばよいのだろうかと思います。

だからこそ会社の社員にも経営理念を理解してほしいと思います。経営者が経営理念の浸透に心を砕くのはこのためです。カードや社員手帳に記載して社員全員に配ったり、目のつくところに経営理念を掲示したり、朝礼のときに経営理念を唱和したり、時間を取って経営理念について熱く語ったりするのです。

しかしそれでもなかなかわかってはもらえません。そしてどうしてわかってもらえないのだろうと経営者は悩む羽目になります。しかし社員の立場に立って考えればわかってもらえないのは当然のことなのです。サラリーマン時代の私のように自分のやっている仕事と経営理念が結び付かないからです。

経営理念が社内に浸透せず悩んでいるのならビジョンをつくることが重要です。なぜならビジョンは経営理念と同じように経営者の事業への思いが反映されているからです。そして社員にとってビジョンは自分の目標を立てる際の指針になります。自分の目標ができると今度は目標を達成するためにどのように仕事を行ったらよいのかを考えます。ここではじめて経営理念と日々の仕事とが結び付きます。

つまり目標を立てるとき社員は「なぜこのビジョンなのか」ということに目を向けるようになるのです。このときが経営理念への理解を深めてもらうよい機会となります。ビジョンについて社員と話し合うときに経営理念についても話し合うとよいでしょう。最初は漠然としかわかってもらえないかもしれませんが、ビジョンへの社員の理解が進めば進むほど経営理念への理解も進んでいきます。

ビジョンは経営理念と目標との連結ピンの役割をする

このようにビジョンは社員に経営理念と日々の仕事との両方を考えてもらう上で重要になります。言ってみればビジョンは経営理念と目標、そして日々の業務とを結びつける連結ピンの役割を果たすのです。作成の順番は経営理念からビジョン、そして目標になりますが、理解の順番は目標からビジョン、そして経営理念になります。

例えば「最先端の技術を提供することで社会に貢献する」という経営理念をもった開発型の企業を取り上げて考えてみましょう。この会社は顧客のニーズに従ってプロジェクトを組み、製品の開発を行う企業です。会社のビジョンは「最新技術を他社よりもいち早く実用化できる会社になる」というもので、ビジョンを実現するための課題は次世代の技術を獲得するための資金の確保でした。資金を確保するためには利益をもっと上げる必要がありました。いくら次世代の技術へのポシビリティーが高い会社と言っても、さらに実績を上げて利益を出さなければ投資家も資金を出してくれそうもありません。そこで利益を上げるための方策を考えることになります。プロジェクトへの人員を増やせば売上をさらに上げることができるのですが、それに伴う経費や時間が掛かるためにおいそれとはできません。すると達成すべき目標は現状の人員でプロジェクトの数を増やして売上と利益を上げることになります。

ここであなたは各プロジェクトを統括するマネージャーとしましょう。プロジェクトに追われて

〔図表１　ビジョンは経営理念と業務との連結ピン〕

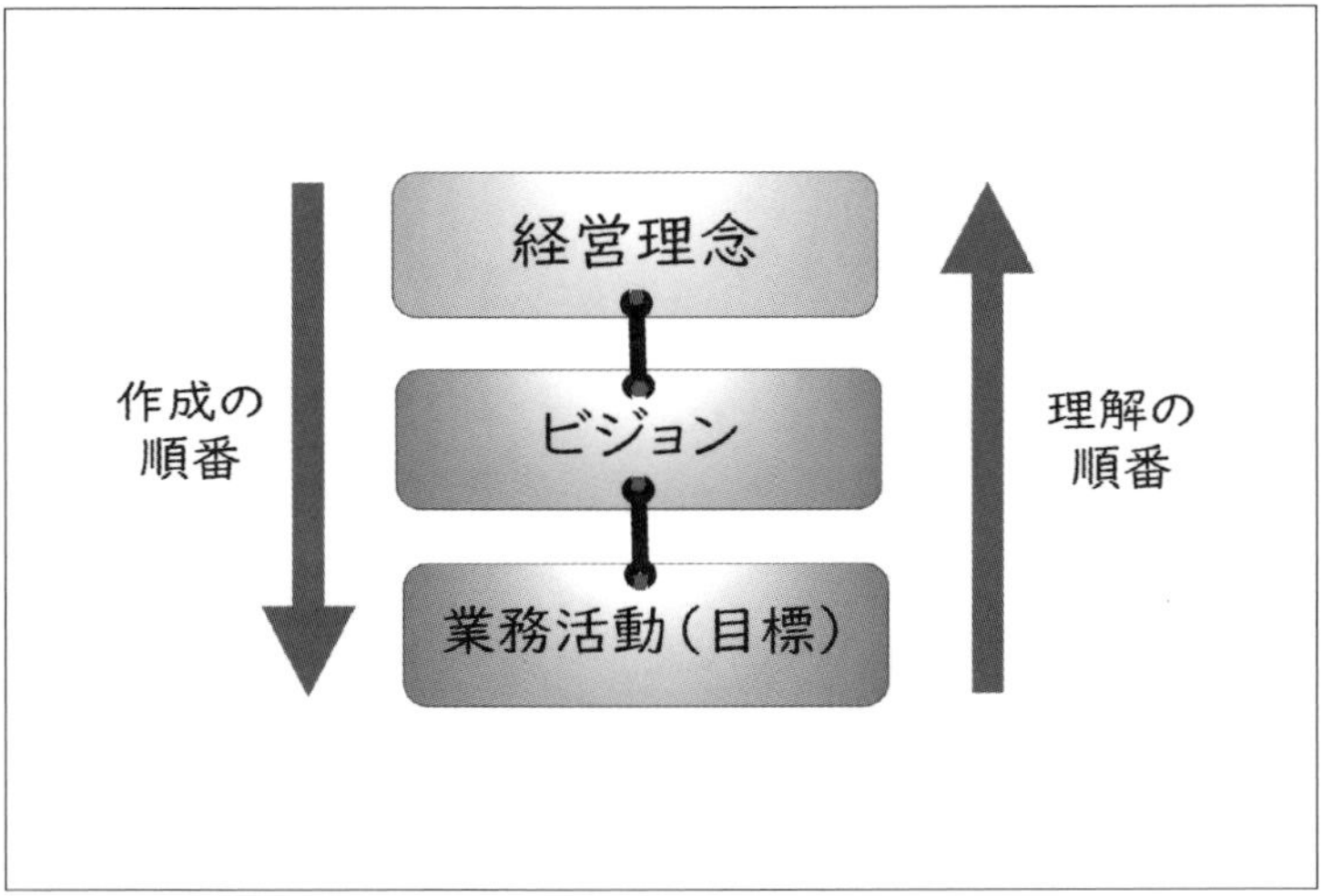

〔図表２　経営理念とビジョンを理解することで主体的に目標に取り組むようになる〕

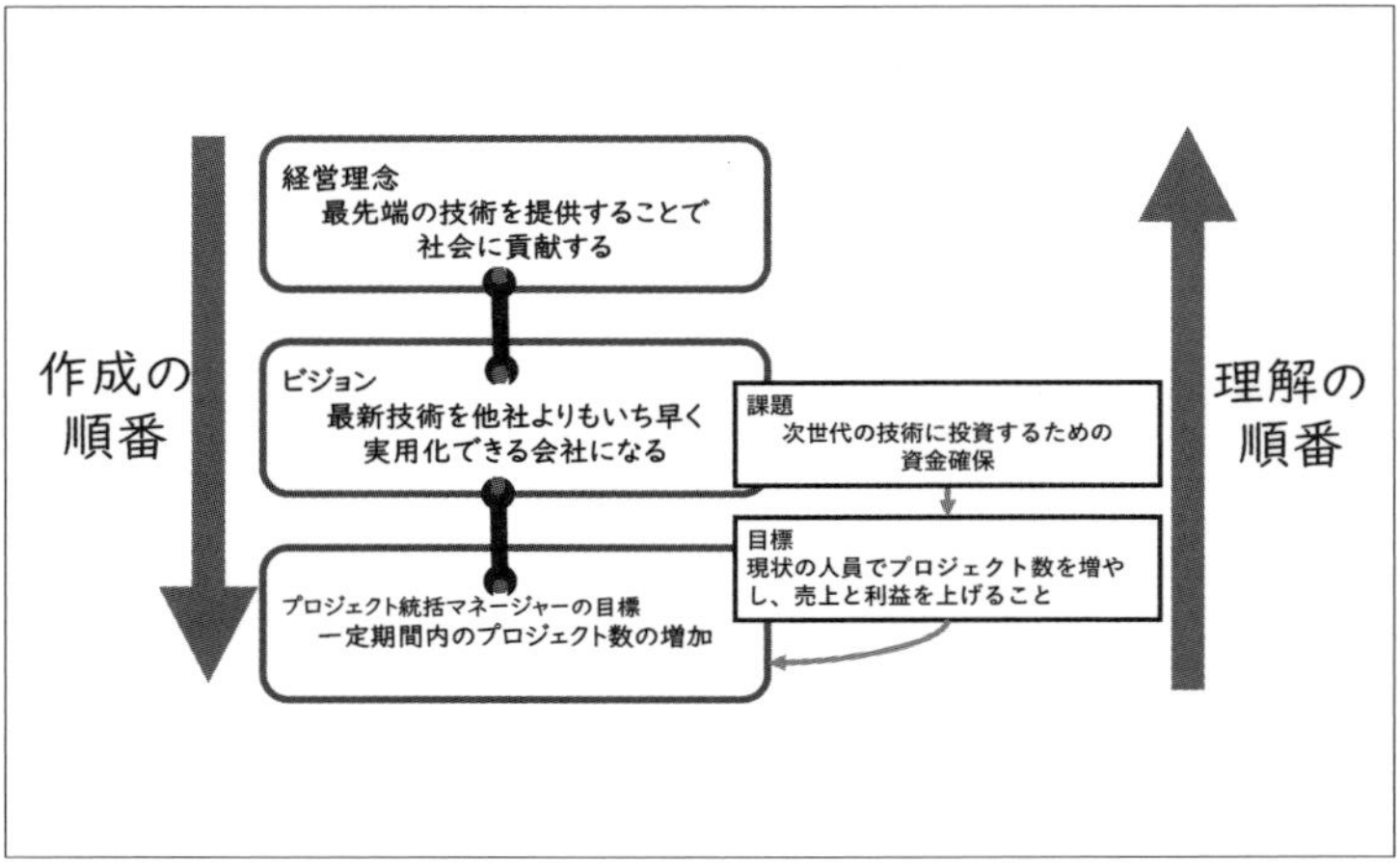

毎日忙しい中、上司からプロジェクトの数を増やすことを目標に挙げるように指示されます。当然、あなたは心の中で反発するでしょう。現状の人員でも余裕がないと思っているのですから。「この上司は現場のことを何もわかっていない」と思うはずです。

しかしここで上司とビジョンや経営理念について話し合うことができればどうでしょう？　なぜこのビジョンなのか、経営理念にはどのような思いが込められているのかについて話し合うことができれば、上司がなぜこの目標を命じたのかも理解できるようになります。そして経営理念やビジョンに賛同できれば現状の問題を何とか解決できないか（つまり現在の人員でプロジェクト数を増やせないか）と考え始めるでしょう。

このとき社員にとって目標は上から与えられたものではなく、自分から主体的に取り組むものに変わります。目標に対して主体的に取り組むようになれば、ビジョンや経営理念が自分にとって身近な存在になるでしょう。そしてビジョンや経営理念についてもより考えるようになるのです。

ビジョンは会社の自己実現を目指すためにある

人にはもっと成長したい、よりよく生きたいという欲求が備わっています。これを自己実現の欲求と言います。生まれたばかりの赤ん坊は成長とともに首がすわるようになり、ハイハイをしはじめます。次につかまり立ちをし、やがてあちらこちらを走り回るようになります。これは「もっと成長して外の世界を見たい」「自分らしく生きたい」という自己実現の欲求があるからです。

物心がつくようになると大人の世界にあこがれるようになります。子どもの頃に将来なりたい職業を作文に書いた人も多いと思いますが、これも自己実現の欲求にあらわれです。そして成長し、大人になっても自己実現の欲求はなくなりません。会社を辞めて独立したり、会社の中で頑張ったり、あるいは自分の趣味を極めたりするのも「もっとよりよく生きたい」、「自分らしく生きたい」という自己実現の欲求があるからです。

仕事のやりかたを自分なりに工夫したり、改善したりするのも同じです。チャップリン主演の映画「モダンタイムス」では、労働者演じるチャップリンがロボットのように単純作業ばかりを強制されるシーンがあります。単純作業の連続に耐えることができなくなった彼はトラブルを起こして工場を逃げ出します。

これは人が持つ自己実現の欲求が抑圧された例だと言えるでしょう。ロボットのように強制された単純作業の連続は人から自分らしくいることや成長することを奪います。同じ単純作業であっても自分なりに工夫したり、改善したりすることが必要なのです。

会社にはさまざまな仕事がありますが、それぞれの人が自分らしく仕事をできるようになることで会社は成長します。言ってみれば会社とは自己実現の欲求を持つ人たちの集まりなのです。

会社が自己実現の欲求を持った人たちの集まりであるならば、経営の中にもそれは反映されます。経営者が「将来こんな会社でありたい」と思うのも自己実現の欲求のあらわれです。つまりビジョンとは自己実現を目指すためにあるのです。

マズローの５段階欲求を会社に当てはめると

アメリカの心理学者マズローによると、人には５つの欲求が備わっています。一番下位に当たる欲求が生理的欲求。その上に安全欲求があり、所属と愛の欲求、承認の欲求、自己実現の欲求と続きます（図表３）。

生理的欲求は根源的な欲求です。人はものを食べ、睡眠を取らなければ死んでしまいます。つまり食欲や睡眠欲求など生命維持に関わる欲求が生理的欲求です。

生理的欲求が満たされると安全欲求が湧き起こります。安全欲求は病気や事故などを防ぎたい、より安心安全でいたいという欲求です。経済的に安定したいという欲求もこれに当たります。

安全欲求が満たされると人は他者との関係を持ち、「仲間が欲しい」、「どこかに所属したい」、「共同体の一員として受け入れられたい」という欲求を持ちます。これが所属と愛の欲求です。

他者との関係を持ち、所属と愛の欲求が満たされると次に目標を立てて達成することや強くなることで自己への評価を高めたい、他者から認められ尊重されたいという承認の欲求が現れます。そして承認の欲求が満たされると、自分の持つ潜在的な能力も含めて「もっと能力を発揮したい」、「さらに成長したい」、「もっとよくしたい」、「よりよく生きたい」という欲求が沸々と湧き上がります。これが自己実現の欲求です。

この５段階の欲求は会社にも当てはめることができます。なぜなら会社は５段階の欲求を持った

〔図表３　マズローの5段階欲求〕

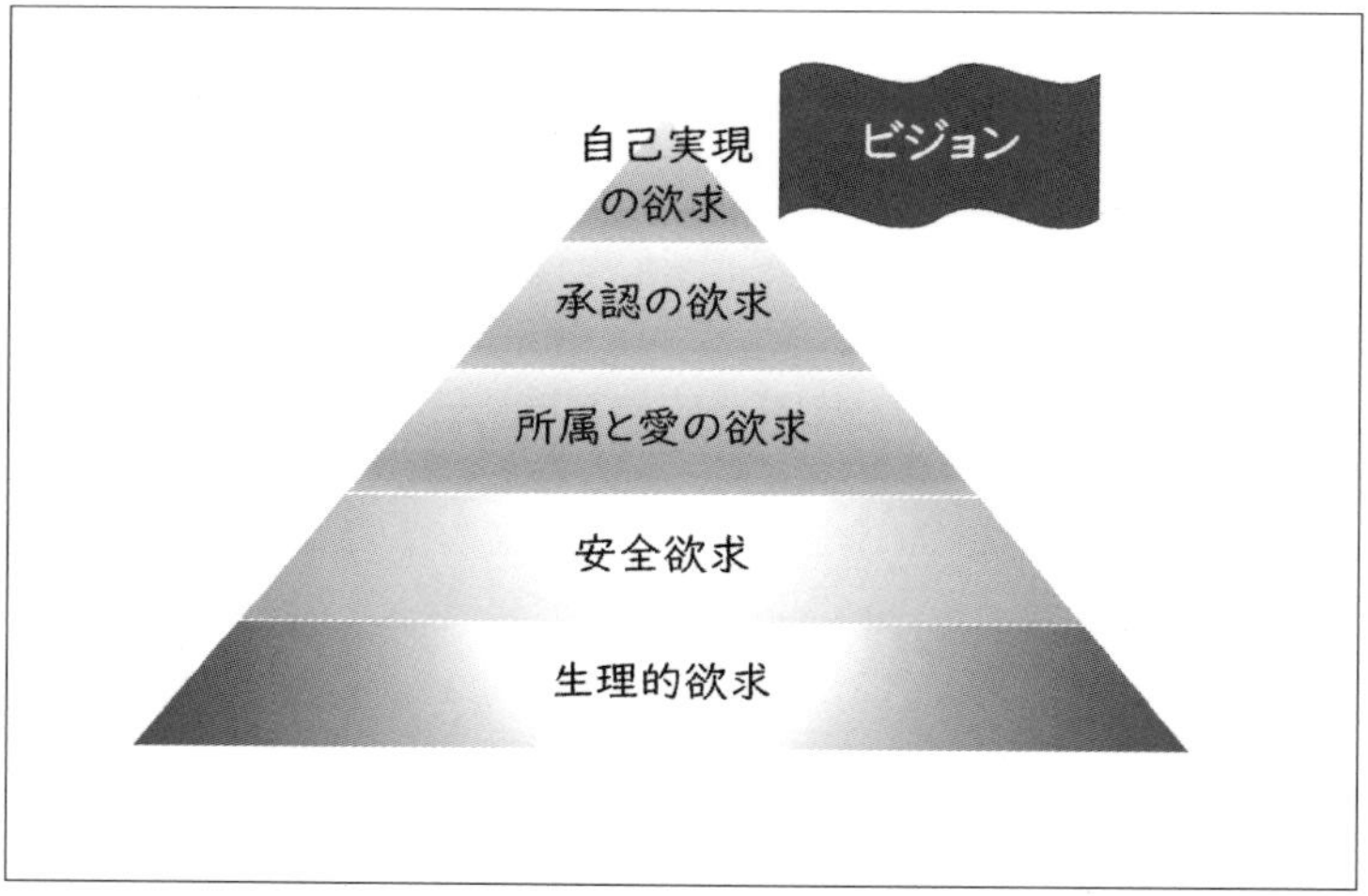

人たちの集まりだからです。生理的欲求は生命維持に関わる欲求です。これを会社に当てはめると倒産するかどうかの瀬戸際にある会社がこれに当てはまります。キャッシュを可能な限り集め、資金繰りを駆使して倒産を避けようとします。ただし、この段階まで来ると打つ手はかなり限られます。経営者は会社が生理的欲求の段階に陥らないよう早め早めに手を打つ必要があります。

安全欲求は会社が赤字体質から黒字体質に変わることを考える段階です。経営者の意識を「黒字を常に出すにはどうすればよいのか」について集中させます。この段階ではキャッシュフローも不足になりがちなので資金繰りにもまだ気をつけなければいけません。

黒字が続き、資金繰りも少し余裕ができてくるようになると所属と愛の欲求の段階に移ります。この段階は業界や地域の中でのポジションを固めようとする段階です。経営者は業界や地域の中で信頼を得るにはどうすればよいのかについて意識を集中させます。基本は顧客要求に素直に従うことです。この段階に来ると安定した数や金額の取引先も出てくるようになります。

次は承認の欲求の段階です。この段階では経営者の意識は競合相手を上回ることに向きます。自社のブランド力を高め、競合相手に勝つにはどうすればよいのかが課題となります。競合相手ばかりに目が行くので価格競争に陥りやすくなります。

そして最後が自己実現の欲求の段階です。この段階になると競合云々よりも社会の中でどのような役割を果たしたいのか、自社はどのようにありたいのかということを考え始めます。このとき「何のためにこの事業を行っているのか」と経営理念に立ち戻ります。経営理念がしっくりこない場合は、見直して新しい経営理念をつくったりします。

ビジョンはこの段階での将来のありたい姿のことを言います。もっとよくなりたい、自社らしくありたいと思うことで新しい製品やサービスをつくったり、これまでとは違う分野の顧客に製品やサービスを提供したり、あるいは新しい販売のやり方や製品のつくり方を発明したりします。イノベーションは自己実現の欲求の段階で起こると言えます。

マズローは最初の4つの欲求（生理的欲求、安全欲求、所属と愛の欲求、承認の欲求）のことを欠乏動機と呼んでいます。これらの欲求は足りないと不満足が生じます。例えば毎月の資金が不足してしまうような状況を考えてみてください。

対して自己実現の欲求は成長動機と呼ばれ、成長すること自体が目的となります。はじめてつくったビジョンは例えば業界で1位になるといった自社のことを第一に考えたものになるかもしれませんが、ビジョンをつくることを積み重ねていくほど競合に勝つよりも社会の中で貢献する自社を、目先の利益よりも次世代に何を残していけるのかを考えるようになります。

これはビジョンの実現に向けて動いたり、あるいはビジョンを実現していったりする中で外の世界に目がいくようになり、自社についての新しい発見や気づき、あるいは新たな視点を得るようになるからです。例えば地域を活性化する取り組みを行ったり、エコ活動や廃棄ロスの問題に力を入れたり、SDGs の導入に力を入れたりします。

ビジョンは社員の内的報酬を高め、自己実現を促す

人は仕事を通して報酬を受け取ります。報酬は賃金だけとは限りません。昇格や昇進によって地位が上がることも報酬だし、仕事をすることによって得られる達成感や喜びも報酬と言えます。報酬は仕事をすることによって得られるすべてのものを言います。

報酬には外的報酬と内的報酬があります。外的報酬とは賃金や有給休暇、昇格昇進や社会的な地位があがることなどがこれに当たります。内的報酬とは仕事そのものから生まれる報酬です。仕事をすることへのやりがいや達成感、成長することへの喜び、人間関係から得られる満足感などがこれに当たります。

外的報酬は足りないと不満を抱きます。給与が下がると辞める人が増えるのはそのためです。かといって大きければよいというものでもありません。外的報酬が大きすぎても幸福度に影響はないという研究結果があります。

対して内的報酬は大きければ大きいほど幸福度が高まります。やりがいがないので転職したという話はよく聞きますが、やりがいが大きすぎるので会社を辞めたという話は聞いたことがありません。

ビジョンは将来のありたい姿を描くので、ビジョンを実現することでやりがいや達成感、成長することの喜びを大きくします。またビジョンが共有されることで社内には一体感が生まれるので、人間関係から得られる満足感も高まります。ビジョンをつくることは内的報酬を高める上で有効な手段なのです。

また会社のビジョンから社員1人ひとりの個人的なビジョンをつくることもできます。会社のビジョンに自分がどのように貢献するのかを考えることで、これからのワークライフをどのように過ごしたいのかを考えるきっかけになるからです。

例えば会社のビジョンの実現のために自分は営業活動を通して貢献したいと思ったとき、営業職を通して自分はどのようにありたいのかというその人自身のビジョンを考えることができます。

自分のビジョンをつくることができれば、これからどのような仕事をどれくらいの期間経験し、どのような能力が身につくと目標のキャリアに達するのかといったキャリアパスや、将来の仕事や働き方を実現するためにどのような計画を立てたらよいのかというキャリアプランを計画できます。ビジョンは社員1人ひとりの自己実現にもつながるのです。

ビジョンはネガティブ・ケイパビリティを養う

オーストリアの精神科医で心理学者であったヴィクトール・フランクルは著書「夜と霧」の中でアウシュビッツでの収容所体験を振り返り、生死を分けたのは未来に対して希望を持つことができたことだと述べています。フランクルが収容されたとき、彼が行ったことはナチスに没収された原稿を修復することでした。収容所から解放されたら自分の書いた本を世の中に出すことが使命だと考えたからでした。過酷な生活の中でも彼は明確なビジョンを持ち続けたのです。

一方、クリスマスになれば収容所の生活が終わり、ナチスからも解放されるだろうと漠然とした期待を抱いていた人たちもいました。しかし実際にはクリスマスが来ても解放されることはなく、彼らの中で多くの人が絶望の中で力尽きて亡くなってしまったのです。不安を持ちながらも明確なビジョンがなかったからです。

小説家であり、精神科医でもある帚木蓬生氏は「どうにも答えの出ない、どうにも対処しようのない事態に耐える能力」、あるいは「性急に証明や理由を求めずに、不確実さや不思議さ、懐疑の中にいることができる能力」のことをネガティブ・ケイパビリティと呼んでいます。明確なビジョンを持つことはフランクルのようにネガティブ・ケイパビリティを養うことにつながります。

現在の日本で会社を経営していても、フランクルのような生死を問う、過酷な状況に追い込まれることはないでしょう。もっとも自分で自分を追い込んでしまうような悲しい不幸はありますが、まったく生きる術さえ失われるわけではないのです。

経営には失敗がつきものです。ファーストリテイリングの柳井正氏が自著の題名にもしたように、10回新しいことを始めれば9回は失敗します。

また１９９０年代のバブル崩壊から始まった不況や２００８年のリーマンショック、２０１９年終わり頃から始まった新型コロナウイルスの感染流行のようにまったく予想していなかった環境に置かれることもあります。安全欲求や生理的欲求の段階に陥ることになってもビジョンを持つことは重要なのです。なぜならビジョンがなければ場当たり的な対応を取ってしまい、こんなはずではなかったと絶望感を抱いてしまうからです。

ビジョンがあればたとえ一時的な撤退に追い込まれたとしても、その状況に耐えて今何ができるかを考え、再び前に向かって動き出すことができます。暗い部屋で蝋燭を灯すと不思議に心が落ち着くという体験をしたことがありますが、ビジョンは蝋燭の灯りのようなものだと思います。

事業を引き継いだ後継者にはビジョンは特に重要

会社の規模に関係なく会社を創《はじ》める人には自由があります。どのような商品やサービスを提供するのか、どこに事務所や店を構えるのか、社員は何人雇うのか、ロゴのデザインはどうするのか。

責任も背負いますが、自分ですべてを決めることができます。

一方の後継者はそうではありません。提供する商品やサービスはすでにあり、誰と一緒に仕事をするのかも決まっています。この人とは仕事をしたくないと思っても辞めさせることもできないし、取引先を急に変えたりすることもできません。また自分が決めてつくったのではない借金まで背負うこともあります。

後継者の持つ最大の自由は会社を閉じることではないかと思ったりもします。後継者は先代がつくってくれた事業の基盤があるからよいのではないかと言う人もいますが、後継者には創業者ほどの自由はないのです。しかし事業への責任だけは創業者と同じくらいあります。既にある枠組みのなかでどのように会社を運営していくのかを決めなければいけません。だからこそ後継者が事業を引き継いで社長になったときはビジョンをつくることが重要です。

後継者が周りから一番注目されるのは事業を引き継いだときでしょう。社員は新しい社長が会社をどこに導いていくのだろうかと注目するし、取引先もこの会社はこれからも信頼できるのかという目でみます。ビジョンをつくるのは代が変わって会社がどのような方向に向かうのかを社員に示すため、取引先に対しては安心してこれからも取引をしてもらえることを示すためです。

そして何よりもビジョンをつくるのは後継者自身のためです。先代から引き継いだ枠組みの中で自分らしく経営するにはどうすればよいのかを考えるためにビジョンをつくることが重要なのです。ビジョンを通して自分らしさを出せば出すほど後継者の自由度は高まります。

第3章

どのような ビジョンが よいビジョンか

ビジョンとは

ビジョンとは、英語由来の言葉で元々は視力や視覚のことを指します。そこから転じて先見の明や洞察力、見通しや展望、未来像などの意味合いを持つのですが、本書では経営についての話をしているので「会社の将来のありたい姿を言葉で表現して社員に示し、共有されたもの」をビジョンと呼んでいます。ビジョンは会社が成長するためのものであり、社員に共有されなければ意味がないからです。

そのためよいビジョンとは、ビジョンを見て誰もがありありとわかるようなものであること、経営理念に沿っており「なぜ目標を達成しないといけないのか」がわかるもの、そして社会の中の一員として自社の視点だけでなく顧客から見た視点や社会から見た視点が入っていることです。

ビジョンがあることで社員は目標をつくる際の指針となります。また仕事へのモチベーションが上がり、社内に一体感をもたらします。さらに会社が成長することで経営者や社員の自己実現を目指すきっかけになります。

誰もがありありと思い浮かべることができるビジョンであること

どのようなビジョンがよいのかについて考えるとき、私はいつも宇宙戦艦ヤマトのエンディングテーマに出てくるシーンを思い浮かべます。知っている人もいるかもしれませんが、宇宙戦艦ヤマトは地球外生命体であるガミラス帝国の侵略を受け、放射能に汚染された地球を救うために14万８０００光年離れたイスカンダルへ旅立つ物語です。

ささきいさおさんが歌うエンディングテーマには最初に放射能に汚染され荒廃した地球が、次に太陽系の惑星が浮かび上がり、銀河系からイスカンダルへとシーンが変わっていきます。これはヤマトがこれから出会うであろう旅のプロセスを示しています。

そして最後のシーンがイスカンダルから受け取った放射能除去装置コスモクリーナーDを使って回復した青い地球の姿です。ヤマトのビジョンは放射能に汚染され、荒廃した地球を元に戻すことです。この青い地球のシーンほどヤマトのビジョンを表したものはないでしょう。ビジョンは青い地球の姿のように、誰が見てもありありとわかるようなものであるべきです。

極端なことを言えばビジョンは絵で描いてもよいし、粘土やブロックなどを使って立体で表してもよいでしょう。誰が見てもありありとわかり、ビジョンの意味することを思い出せるようなものであれば何であっても構いません。文字を使って表現するのはそのほうがわかりやすいからです。

ビジョンの文字数や項目は多すぎないようにする

ビジョンを文字で表すにしても文字数や項目数が多すぎれば誰も把握することができません。実は私が初めてつくったビジョンは文字数が全部で２５０字近くもありました。４００字詰め原稿用紙で言えば２／３近くです。

私自身は思いのたけをすべて入れてつくったので満足していましたが、社内には浸透しませんでした。当初のビジョンのことを覚えている社員もほとんどいないと思います。そのくらい長すぎて覚えられないものだったのです。

人の短期記憶と認知機能の面から、一度読んだだけで意味がわかって覚えられる文字数の長さはせいぜい60文字くらいまでではないかと思います。ビジョンの長さも一文で表すなら60文字くらいまでにするべきです。またビジョンをいくつかの項目に分けて示す人もいますが、項目の数も多すぎず、せいぜい3つくらいまでがよいと思います。

数字を使うときはその目的も必ずビジョンに入れる

数字を使ってビジョンを表す人がいます。例えば売上を10倍にするとか、社員の賞与を2倍にするといったビジョンです。確かに数字を使えば明確で誰でもわかりやすいし、賞与を2倍にするとか言われたら社員の中にはテンションが上がる人もいるかもしれません。しかしビジョンを数字で表すことについては2つの問題があります。

1つは数字が達成された途端にビジョンがなくなってしまうという問題、もう1つは数字のほうにばかり目がいってしまい、本来の目的を忘れてしまうという問題です。

数字は目指すべき結果にしかすぎません。ヤマトのビジョンは青い地球の姿ですが、これも数字と同じように目指すべき結果です。結果が達成されると次はどうなるのでしょうか？　ヤマトの場合次のビジョンを失ってしまい、一時廃艦同然に放置されてしまいました。数字にも同じような性質があります。まだまだ遠い数字だからといって達成したあとのことを考えていなければヤマトのように新しい航海に出ることができなくなります。

また達成したい数字の裏には「なぜその数字を達成したいのか？」という目的があるはずです。ビジョンは実現できてこそ価値のあるものですが、数字でビジョンを表すと数字の方にばかり目がいってしまい、本来の目的を忘れてしまいがちになります。目的を忘れてしまうと、例えば無理に販売目標を達成しようとして顧客に商品を押しつけたりします。数字とはそれほど人を執着させてしまうものであり、数字だけを無理に追うとどこかで破綻します。

ビジョンに数字を使うのならこれらの問題点を頭に入れた上で使ったほうがよいでしょう。「数字を達成する本当の目的は何だろうか？」、「数字を達成することでどのような世界が訪れるのだろうか？」といった質問を自分に向けて発してみることです。そして数字を達成する本来の目的や達成したあとの世界のことを必ずビジョンに入れ込み、忘れないようにすることが大切です。

自社の視点だけでなく顧客の視点、社会の視点をビジョンに入れる

私の会社において経営幹部だけでビジョンをつくってもらったことがあります。このとき出てきたのは「社員がいきいきと働く会社になる」というビジョンでした。40名の社員しかいないので社員１人ひとりが主役です。

売上をさらに伸ばして利益を社員に還元し、「自分も会社に貢献できた」と感じてもらえるような会社にしたいという思いから生まれたビジョンでした。

このビジョンを聞いたとき私の心の中に違和感が起こりました。もちろんビジョンそのものはとても素晴らしいし、共感できるものでした。しかし何かが欠けていると思ったのです。それは顧客の視点や社会の視点がないことです。

ビジョンは経営理念に基づいてつくられます。経営理念は何のために事業を行っているのか、つまり社会に対してどのように役立ちたいのかについて述べたものです。雇用を生み出し、現在の顧客や未来の顧客、地域や社会全体の役に立つからこそ企業は「法人」として人と同じような権利と義務が与えられています。ビジョンにもこのことが反映されるべきです。

社員に利益を還元し、1人ひとりが仕事へのやりがいを感じてもらえるようにするだけでなく、顧客や社会に対してどのように役立つのかという視点でも表されるべきなのです。経営理念が経営を支える根っこなら、ビジョンは根っこから伸びた幹や枝です。

他にも「○○の分野で業界1位になる」といったビジョンや「リーディングカンパニーになる」といったビジョンも同じです。このようなビジョンにワクワクする人もいるでしょうが、いずれも自社の視点でしか語られていません。顧客や社会に対してどのように貢献するのかという視点も付け加えるべきです。

人は誰かの役に立つことで自分の存在意義を感じることができます。子どもの世話をする、友人の悩みを聴く、電車やバスの中で席を譲る…、これらの行為を行うことで喜びや楽しみを見出します。ビジネスも同じなのです。ビジョンに沿ったビジネスを行うことで社会における自分たちの使命を見出し、仕事の中で喜びや楽しみを見出せるようになることが理想であり、経営者は社会に役立つような志を持つべきであると私は思っています。

ビジョンは具体的に表す

ビジョンは意思決定ができるほどに具体的であるべきです。意思決定ができるとはビジョンから具体的な目標や計画を立てることができたり、どのような行動をすべきかの判断ができたりするという意味です。

先程例としてあげたビジョンで言えば、「社員がいきいきと働く」とはどのような状態であるのかをもっとわかりやすくしたほうがよいでしょう。

例えば「いきいき働くこと」が1人ひとりの社員の技能を高めて自信を持てるようにすることであれば「社員1人ひとりが技能を高め、自信を持てる会社になる」と言ったほうが社員のやるべきことがもっと具体的になります。さらに顧客や社会の視点も併せて「1人ひとりの技能を高め、顧客の期待以上の提案を行うことで社会に選ばれる会社になる」といったビジョンであれば、行うべきことの選択肢がもっと増えるでしょう。

ビジョンは具体的であればあるほど行動の選択肢が増えるのです。

今まで述べてきたことも含め、どのようなビジョンがよいビジョンであるのかをチェックするためのリストを作成しました。自社のビジョンのチェックに使ってください（図表4）。

〔図表4　ビジョン作成のチェックリスト〕

□そのビジョンを見て誰もがありありと思い浮かべ、思い出せることができるか？　読んでみて長すぎるビジョンになっていないか？

□ビジョンに数字を使ったとき、その数字を達成した後のステージを描くことができているか？　また数字の背景にある目的に絶えず目を向けることができるものになっているか？

□そのビジョンは経営理念に沿ったものになっているか？

□そのビジョンには自社の視点だけではなく、顧客の視点、社会の視点が含まれているか？

□そのビジョンから自分たちの社会における使命について考えることができるか？

□そのビジョンから具体的な目標を立てることができたり、行動についての意思決定ができたりするものになっているか？

第4章

ビジョンをつくる

1. ビジョンをつくったときによく見られる失敗例

ここからはビジョンをつくる方法について考えていきます。しかしその前にビジョンをつくったときによく見られる失敗について触れておきましょう。なぜうまくいかなかったのかを知れば、どのようにつくったらよいのかについてのコツがわかるからです。

よくないビジョンの例①／課題中心型のビジョン

ビジョンをつくっても経営者自身がしっくりこないことがあります。売上が減少傾向にあったB社を例にして考えてみます。

B社の社長は二代目社長です。B社長が事業を引き継いだとき、会社の売上高は減少傾向にありました。このままいけば会社に将来はありません。そのためB社長は就任早々、5年で40％の売上を増やすという大胆なビジョンを掲げて社内の改革に乗り出しました。

B社長の斬新なアイデアと実行力で改革は進み、売上も徐々に増えていきました。5年目を迎え、不可能だと思われていたビジョンも実現できそうです。取引先からも「あなたの代になって会社が変わったね」と認めてもらえるようになりました。

しかしB社長の顔はなぜか晴れません。当初のビジョンは実現できそうだけれど本当に自分のやりたいことはこれでよかったのだろうかと感じるからです。

このような気持ちは誰にでも起こります。「本当にこの会社に就職してよかったのだろうか？」、「本当にこの人と結婚してよかったのだろうか？」など、うまくいっているからこそ喜べない自分がいるのです。

特にB社長のように周りからの評価が高いと素直に喜べない自分との間にあるギャップに苦しむことになります。「いや、自分はそんな人間じゃないんだ」と不安を覚えてしまうのです。そしてこの状態を無理に続けていくと何をやっても面白くなく、経営への意欲をなくしていきます。

この不安は実は自分の本当の気持ちをわかっていないところから来ています。B社長のような人は会社を客観的に眺めることができ、課題を抽出した上で「会社はこうあるべきだ」、「こうすることが正しい」という観点からビジョンをつくることができます。このようなビジョンを課題中心型ビジョンと言います。

しかし本当に自分のやりたいことが何なのかがわからないときに不安が大きくなるのです。課題中心型ビジョンの場合、自分と向き合って本当に自分のやりたいことが何かを知ることが重要になります。

よくないビジョンの例②／直感型ビジョン

課題中心型ビジョンとは反対に、自分にはしっくりくるけれど周りから受け入れてもらえていないと感じるようなビジョンもあります。

例えばP社の社長は先見の明があり、ものごとを直感的に判断して業績を上げてきた人です。社員にもビジョンを示し、強いリーダーシップで社員を引っ張ってきました。ところがビジョンをつくるたびにP社長は疲れを覚えます。

今回もそうでした。たまたま訪れた展示会で見た最新式の機械を見てほれ込んでしまったのです。会社にとっては高価な買い物ですが、これを導入すればP社の業務範囲が拡がり、売上が増えると思ったのです。P社長には顧客の喜ぶ顔まで目に浮かぶようでした。

さっそくP社長は新しいビジョンを社員に示しました。「仕事の幅を増やしてお客様が幸せになる会社をつくる」です。同時に新しい機械の導入も発表しました。ところが社員からは反対の声があがったのです。P社長がいくら説明しても「今までで十分ではないか。高価な機械を買って本当にうまくいくのか？　失敗したらどうするんだ？」という懐疑的な声が出ました。高価な機械を買うなら自分たちの給料を上げて欲しいという社員もいました。

P社長は説得に説得を重ねましたが、社員から受け入れてもらった感はありません。仕方なく今回も見切り発車で新しいビジョンと計画を推し進めました。

P社長のビジョンは決して悪いものではありません。先のことをしっかり見ているし、具体的に何をするのかもP社長はわかっています。しかし社員のほうはP社長と同じようにイメージできるとは限らないのです。P社長のように自分の直感に素直に従ってつくるビジョンを直感型ビジョンと言います。

有無を言わせぬ強烈なカリスマ性があれば別ですが、直感型ビジョンの場合、そのまま社員に示しても反対の声が上がるか、無言のままで終わって嫌々ながら進むのが普通です。なぜなら社員には社員の仕事への見方や考え方があるからです。受け入れてもらうには彼らの視点に立ち、どんな課題が会社にあるのかを社員に理解できるように見せる必要があります。

課題中心型ビジョンにしても直感型ビジョンにしても、ビジョンを使った経営はうまくいきません。そこで私は５つのステップに沿ったビジョンつくりを提唱しています。その前にまずビジョンは誰がつくったらよいのかに取り上げます。なぜなら多くの人はビジョンは経営者がつくるものだと思い込んでいるからです。

2. 誰がビジョンをつくったらよいか

ビジョンをつくるのは経営者の役割？

ビジョンは誰がつくるべきなのでしょうか？　例えば経営理念は経営者がつくるのが普通です。創業者がつくるか、事業を引き継いだ後継者がつくります。なぜなら経営者は「社会の中でこの会社がどのような役割を果たすのか」という会社全体の事業方針をつくるのが自分の役割であり、自分の会社なのだから自分の考えを経営理念に反映させたいと望むからです。同じようにその延長線上でビジョンについても考えます。明確なビジョンをつくり、社員に示すことが会社の長である自分の役割だと信じているのです。

ビジョンは社員の参画を得てこそ価値が出る

確かに明確なビジョンを社員に示すことは経営者としての役割です。しかしビジョンをつくるのは経営者1人だけの役割ではないと思います。なぜならビジョンは実現できてこそ価値があるからです。経営者が1人でビジョンをつくっても、そこから適切な目標が立てられ、実行されなければ意味がありません。

実行するのは経営者1人だけではないのです。社員にも参画してもらわなければ実行できません。経営者が経営理念を反映させたビジョンを苦労してつくっても社員に共有されなければ（つまり社員に十分に理解され、社員がその実現に向けて実行しようと思わない限りは）絵に描いた餅で終わるか、不満足な結果で終わってしまうのです。人は他者のつくったものよりも自分が参画してつくったもののほうに熱が入るし、責任も感じます。つまり十分な結果を出すためにはビジョンをつくる段階で実行者である社員にも参画してもらったほうがよいということです。

作成チームを編成することが難しい場合は経営者がたたき台をつくる

社員に参画してもらうときは、例えば企画や総務のようなスタッフ部門の社員だけではなく直接業務に関わっている社員にも参画してもらい作成チームを編成することが理想です。作成チームの中で経営者の考えだけでなく、実際に実行していく社員の意見も取り入れていきます。

もちろん会社の規模や事情によっては作成チームを編成することが難しい場合もあるでしょう。このときは経営者がたたき台としてのビジョンをつくり、そのビジョンをもとに社員から率直な意見や感想を聴いてブラッシュアップするようにします。

ただし最終決定者は社長

ここで注意する点が2つあります。1つはビジョンを作成するときにはいろいろな考え方や意見が出ますが、議論を尽くした後の最終決定者は経営者である社長にあるということです。なぜならビジョンは経営理念実現のためにあり、最後に責任を取るのはあくまで社長だからです。

最終責任者として会社の将来をどのようにしたいのかの意思をはっきりと表明しましょう。この責任は創業者であろうと先代から事業を引き継いだ後継者であろうと変わりません。

ビジョンをつくるには心理的安全性が重要

もう1つの注意点は、率直な質問や意見、感想を社員が述べられるような環境を経営者自身が用意しなければビジョンづくりはうまくいかないということです。

ハーバード・ビジネススクールのエイミー・C・エドモンドソン教授は「率直に発言したり懸念

や疑問やアイデアを話したりすることによる対人関係のリスクを、人々が取れる環境のこと」を心理的安全性と定義づけていますが、ビジョンづくりには心理的安全性が重要です。

率直な質問や意見、感想を述べる場が保証されているからこそ社員はビジョンについて十分に語り、理解し、その実現に向けて実行しようとします。反対に質問したり懸念を示すことで無能に思われないだろうかと不安に思ったり、意見やアイデアを出しても無視されたり怒られたりしないだろうかと怖れを抱くと自分から発言しなくなります。

ワンマン経営の下では例え作成チームをつくったとしても十分な意見は出てこず、結果的には経営者の意向だけが反映されたものになるでしょう。

このようなビジョンは強制力があるので短期的にはうまくいくかもしれませんが、長期的にはうまくいきません。社員は冷めた目でビジョンを眺め、ビジョンを実行することへの抵抗感を生じさせるからです。

もっとも心理的安全性が整えば社員から意見やアイデアがたくさん出て素晴らしいビジョンができるとは限りません。成果の出るビジョンをつくるためには会社の置かれている状況を客観的に見つめ、対峙できる能力が必要です。これらの能力は知識を学んだり、経験を積んだりすることで身につけることができます。しかし経営者はその前に心理的安全性を用意することが大切なのです。

心理的安全性を用意するには何より対話を行うことが重要です。このことについては次章以降で述べていきます。

3．ビジョンをつくるためのプロセス

5つのステップ

ではビジョンをつくる方法について具体的に見ていきます。ビジョンは課題中心型ビジョンになってはいけないし、直観型ビジョンになってもいけません。

そこで私は次の5つのステップを踏んでビジョンをつくることを提唱します。

ステップ①　自分の価値観と向き合う
ステップ②　こんな会社でありたいという理想の姿を描く
ステップ③　理想の姿を実現するための課題を知る
ステップ④　理想の姿と課題から具体的なビジョンをつくる
ステップ⑤　ビジョンから目標となる評価指標をつくる

作成チームを編成してビジョンをつくる場合も経営者が1人でたたき台をつくる場合もこの手順に沿って行います。経営者がたたき台をつくる場合、ステップ③においてできるだけ社員から意見を聴くようにしてください。なぜなら課題については現場の社員のほうがよく知っているからです。

課題を聴くとき、ステップ②でつくったありたい姿を伝えておきましょう。伝える前に経営者の大切にしている価値観や経営理念についても社員と話し合っておくとよいでしょう。

〔図表５　ビジョン作成ワークシート〕

ビジョン作成ワークシート　　作成者：　　作成日：　年　月　日

大切にしたい価値観は？					
どのような会社にしたい？ （こんな会社でありたいという理想の姿は？）		どんなことが起きればよい？	顧客に対して		
			社員に対して		
			社会に		
課題					
制約は？					
取り組むべき課題は？	・	最も取り組むべき課題は？			
	・				
	・				
ビジョン					
ビジョンの目的は？		評価指標			□目的に適合しているか □シンプルであるか □コントロールできるものか

ステップ⑤ではビジョンの実現がどこまでできたのかを知るための評価指標を設けます。評価指標は会社全体の目標となるので、マネージャーが自分たちの責任範囲の業務目標を決める際の指針となります。

これらのステップに沿ってビジョンをつくることができるように「ビジョン作成ワークシート」（巻末）を用意しました。ワークシートの中の「大切にしたい価値観は？」はステップ①に、「どのような会社にしたい？」と「どんなことが起こればよい？」はステップ②に当たります。

「課題」欄の「制約は？」「取り組むべき課題は？」「最も取り組むべき課題は？」はステップ③です。

そして「ビジョン」はステップ④です。「ビジョンの目的は？」と「評価指標」ではステップ⑤の評価指標をつくります。

４．価値観と向き合う

価値観と向き合うことがなぜ大切なのか

まず経営者自身が自分の大切にしていること、価値観と向き合うことから始めます。ビジョン作成ワークシートでいえば「大切にしたい価値観は？」に当たります。

ビジョンをつくる上で自分の価値観と向き合うのは課題中心型ビジョンになることを避けるためです。課題中心型ビジョンでは課題のみからビジョンをつくってしまうので、「本当に自分がやりたかったことはこのことだろうか？」と違和感を覚えるのです。違和感を覚えるのは自分の本当の気持ちをわかっていないからです。

本当の気持ちを知るためには自分が何を大切にしているのかについて振り返る必要があります。ビジョンをつくるときに最初にこの作業を行うのはこのためです。

例えビジョンをつくらなくても自分の価値観と向き合っておくことには意味があります。中小企業の経営者には自分の生活のすべてを経営に捧げるようなところがあります。朝から晩まで四六時中会社のことばかり考えています。最終的に決めるのも自分なら責任を取るのも自分だからです。

何が正しいのかについての答えはありません。自分で納得できる結論を出すしかないのです。納得できる結論を出すためにも自分の価値観と向き合っておくことは重要です。

価値観とは何か

価値観とは善悪や好ましいこと、好ましくないことなどを判断する物事の見方のことです。「〇〇することは自分にとって好ましい。なぜなら〜」の「なぜなら」以降のことを指します。

例えば「いつも何かのイベントを行うことは自分にとっては好ましい、なぜなら人が集まって一緒に行うことにワクワクするから」という場合、人が集まって何かを一緒に行うことはその人にとっての大切な価値観です。

「いつも目標を決めて、それを追いかけることは自分にとっては好ましい、なぜなら成果を上げることが自分には大切だから」というのも、成果を上げることがその人にとって大切な価値観です。

人はさまざまな価値観を持っています。仕事をする上で大切な価値観もあればプライベートで大切にしている価値観もあります。そして人の行動は価値観により影響を受けます。どんな服装をするのか、どのような人と交流するのか、どのような趣味を持つのかはすべて価値観の影響によるものです。

しかし自分がどのような価値観を持っているのかについて普段意識することはありません。価値観はいったん身につくと空気のように当たり前のものになってしまうからです。

「あなたの大切にしている価値観は何ですか?」と聞かれても直ぐに答えることはできないでしょう。例えば自分の服を買いにいく度に「私の価値観は何だろう?」と考える人はありません。「なぜなら」以降を省略しても(つまり意識しなくても)日常生活を送る上で何ら不自由がないからです。

人が自分の価値観と向き合うとき

では自分の価値観と向き合うのはどういうときでしょうか？　これからの生き方に悩むような出来事に出会ったとき、あるいは他者の価値観とぶつかったときではないでしょうか？　例えば新型コロナウイルス感染の流行はこの2つを同時にもたらしたように思います。緊急事態宣言の発令により休業を余儀なくされ、これからどのように生きていくのかについて改めて考えた人も多いはずです。

自治体の要請に従って休業をするべきか、店を開くべきかという選択はどうすれば社員や自分たちの生活を守れるのかという悩みだけではありません。自分とは異なる価値観を前にしてどうすればよいのかという戸惑いからくる悩みでもあります。

医療業界に従事する人々にとっての大切な価値観は健康を守ること、ひいては命を守ることです。この価値観からすれば店を休業して人の流れを止め、家で自粛することが最もよい選択となるでしょう。

一方、飲食業界に携わる人々にとっての大切な価値観は「多くの人に店に来て食べてもらい、喜んでもらうこと」です。この価値観からすれば店にきてもらうことが重要になります。「感染を防ぐには店を休業せざるを得ないのはわかっている。でもね」と苦悩するのは不思議なことではありません。

社会構成主義のガーゲン夫妻が言うように価値観はその人の「属している伝統」によるものなの

です。日々従事する仕事が違えば価値観も自然と異なってきます。そして自分とはまったく異なる価値観を持つ人と出会うとき、人は他者の存在に戸惑い、自分の価値観に改めて向き合うことになるのです。

閑話休題。このように自分の価値観が何かについて普段意識することはありませんが、先程も述べたように経営においては意識しておくことが重要です。経営は選択の連続です。右に行くのか、左に行くのかを決める必要があります。

もし自分の大切にしていることが何かがわからなければ大きな選択を迫られたとき、どこに向かえばよいのかの意思決定ができなくなります。自分が納得できる選択をするためには普段から価値観と向き合っておくことです。

価値観が経営にどのような影響を及ぼすのか～スターバックスの事例を通して～

自分の価値観と向き合う方法について述べる前に、もう少し価値観について考察を重ねます。経営者の価値観が経営にどのような影響を与えるのかについてです。

例としては誰もが知っている事業内容のほうがわかりやすいので、名前を聞けば事業内容まで想像できるような会社の経営者であること、子どもの頃からの過去を著作やインタビューなどで公開している経営者であることの2点から、スターバックスを世界的な企業にまで発展させたハワード・シュルツ氏を取り上げました。

実はスターバックスを創業したのはシュルツ氏ではありません。彼はもともとアメリカに進出してきたスウェーデンの家庭雑貨を取り扱う会社の副社長でした。当時、シアトルに4店舗あったスターバックスが彼の会社に販売用のコーヒーメーカーを大量に注文してきたのです。このことに興味を抱いた彼はシアトルを訪れ、これまで築き上げたキャリアを投げ捨ててスターバックスに入社します。

なぜ彼がスターバックスに入社したのか、そこには彼のどのような価値観が影響しているのかについてまず見ていきましょう。

子どもの頃から培った「負けじ魂」という価値観

シュルツ氏はニューヨーク市ブルックリンの低所得者層の住む地域で生まれました。彼の父は祖父が早く亡くなったために高校も出ることができず、また兵役についたときの病気の後遺症もあったため職を転々としていたそうです。日々の生活に苦しむ両親の姿を子どもの頃から見ていた彼は12歳から働き始め、ブルックリンを抜け出したいと夢見ていました。

彼のエピソードに水晶玉の話があります。少年時代、彼は夜になるといつもベッドに横たわって「ここに水晶玉があって、未来を見ることができたら?」と思ったそうです。しかし両親と同じように貧しい生活を送る自分の姿が水晶玉に映るのではと恐怖を抱き、水晶玉のことは忘れようとしました。そのくらい彼にとって貧しい生活から抜け出すことは不可能のことのように思われたのです。

彼が水晶玉を忘れるために取った行動は得意だったスポーツに打ち込むことでした。スポーツに夢中になっている間は将来への不安を忘れることができます。またスポーツを通して、自分のアイデア次第で障害を乗り越えて勝つことができるということも学んだと思います。

スポーツに打ち込んだ結果、彼は高校時代にフットボールの奨学金受給生に選ばれ、大学に進学することができました。子どもの頃にとうてい不可能だと思っていたブルックリンの生活から抜け出すことができたのです。大学に進学できたという経験は彼の中に不可能と思えることでも挑戦すれば障害を乗り越えて勝つことができるという価値観を彼に植え付けたと思います。彼はこの価値観を自身の著作の中で「負けじ魂」という言葉で表しています。

その後彼は大学を卒業してゼロックスに入社、トップの営業成績をおさめます。そしてスウェーデンの家庭雑貨の会社に職を転じて副社長にまで昇りつめるのです。彼がここまで出世できたのも「負けじ魂」という、彼の人生の中で大切な価値観あったからでしょう。普通ならキャリアはここで終わっていたかもしれません。しかし彼の場合、そうではありませんでした。

「負けじ魂」が起業家精神に火をつける

彼がスウェーデンの会社で副社長として活躍していたある日、スターバックスが販売用のコーヒーメーカーを大量に注文してきたことに興味を持ちます。4店舗しかないのになぜこんなに注文をするのだろうかと思ったのです。彼はシアトルに飛び、スターバックスを訪れます。当時のスターバックスは飲料を提供する会社ではなく、コーヒー豆を販売している会社でした。

しかしそこでコーヒーの試飲をした彼は強い衝撃を受けます。当時のアメリカでは品質の劣る豆をブレンドした低価格のコーヒーが主流でした。「安かろう、悪かろう」が普通の業界だったのです。

一方、スターバックスでは最高級の豆を使った本格的な深煎りコーヒーを販売していました。彼はこれまでにないコーヒーの味と香りから、新しい市場としての無限の可能性を感じたのです。そしてスターバックスの経営陣に自分を売り込み、マーケティング担当として入社します。

コーヒーについて1から学んだ後、彼はエスプレッソの本場であるイタリアに出張する機会を得ます。現地のエスプレッソ・バーでの賑わいに感銘を受けた彼は経営陣にコーヒー豆だけでなくコーヒー飲料も提供して事業を拡大することを提案します。

しかし経営陣からは拒否されたため、会社を辞めて独立。イル・ジョルナーレという会社を興します。この会社が大成功をおさめ、今度は売りに出されたスターバックスを買収して社名もスターバックスの名を引き継ぐのです。これが今日知られているスターバックスの始まりです。

最高級豆を使った深煎りコーヒー飲料の提供というアメリカにはこれまでなかった事業を行うことでスターバックスは全国的に発展していきました。言ってみれば彼はスターバックスの第二創業を行い、アメリカンドリームを実現したと言えます。彼のこの起業家精神を培ったのは不可能と思えることでも挑戦すれば障害を乗り越えることができるという強い価値観が影響しているのです。

スターバックスを特徴づけたもう1つの価値観

スターバックスの成功要因は、今までアメリカになかった深煎りコーヒー飲料を全国的に提供したということだけではありません。彼がつくりあげたビジネスモデルのもう1つの特徴が消費者に受け入れられたからです。

スターバックスと言えば「第三の場所（サード・プレイス）」という言葉を思い浮かべる人もいるでしょう。第三の場所とは職場でも家庭でもない場所のことを言います。このような場所に逃げ込むことで人は職場や家庭で起きた問題からリセットすることができます。そして自分らしさを取り戻すことができるのです。

彼は最高級の豆を使った深煎りコーヒーの味と香り、コーヒーを淹れるバリスタの対応、そして時間を気にせず誰もがくつろげるような場所をつくりあげることで店を訪れた人々に第三の場所を提供しようとしました。

この特徴が消費者に受け入れられ、後に全世界に広がっていくことになります。この第三の場所を提供するというビジネスモデルは彼のもう1つの価値観が影響しています。それは誰もが自分らしくいられるということ、すなわち自尊心を保つことが人には重要だという価値観です。

この価値観を形つくった象徴的な出来事があります。彼の7歳のときの出来事です。当時、彼の父は何度も挫折し、仕事を転々としていました。ある日、彼が家に戻ると、腰から足首までギブスに固定されてソファに横たわる父の姿がありました。仕事中に怪我をし、解雇されて家に戻ってきたのです。

健康保険も解雇手当もなく、収入を絶たれてうずくまっている父の姿が頭に焼き付いていると彼は著書の中で述べています。

このようなとき、自分は父のように絶対なりたくないと親を反面教師にする子どもと、反対に可哀そうだ、何とか親を助けたいと思う子どもの二種類があるのではないでしょうか？

彼の場合は後者でした。彼は仕事を転々として、自尊心をなくした父を助けたかったのです。このことが自分らしくいることが人には重要だという彼の価値観をつくりあげ、第三の場所を提供するというビジネスモデルにつながりました。またこの価値観は彼の社員への待遇にも現れています。

例えば、彼は社員のことを「パートナー」と呼んでいます。「社員」とか「従業員」といった言い方はしていません。１人の人間として尊重したいからこそ、彼は仕事の仲間として社員を「パートナー」と呼んでいるのです。

また彼はアメリカでは初めてのパートタイマーを含めた健康保険制度やストックオプション制度を導入しています。アメリカに比べて福利厚生制度が充実している日本でさえもパートタイマーにストックオプション制度を設けている会社はまれでしょう。

ここまで彼が社員を優遇するのも、父のように自尊心を失った人をつくりたくなかったからではないでしょうか？

健康保険制度があることで安心し、ストックオプション制度があることでその人らしく活躍しようと思えることができるのです。彼は自身の経験を通して、店を訪れる顧客、一緒に働く社員、すべての人々が自分らしくいられる世界をつくりたかったのだと思います。

価値観に向き合うことで危機を乗り越える

シュルツ氏の事例は自分の価値観に立ち戻ることで会社の危機さえも乗り切ることができることを教えてくれます。

スターバックスは1987年にシュルツ氏が第二創業を行ってからずっと成長を続け、彼は2000年にCEOの座を後任に託します。しかし6年後には業績が悪化し始め、さらに2年後の2008年には赤字に転落して経営の危機を迎えました。理由は投資家の要求に応えようと急速に店舗数を拡大した結果、ブランド力が損なわれて顧客が離れていったためです。

店舗数を急速に拡大しようとすると、そこには効率性が求められます。例えば店舗デザインを簡素化してすぐに開店できるようにします。しかしデザインが簡素化されすぎると無機質な店舗となって顧客が落ち着けるような空間にはなりません。また出店コストが増えるために、できるだけ他のコストは抑えて店を訪れる顧客の数を増やそうとします。

例えばより効率的にコーヒーを淹れて顧客に提供できるようにするとか、コーヒー以外にも軽食などのメニューを提供するとかです。

スターバックスでも迅速にコーヒーが抽出できるように最新のエスプレッソマシンを導入しまし

たが、この結果バリスタと顧客との交流が減りました。また今まではコーヒーの香りが店内に漂って落ち着いた雰囲気を醸し出していたのが、サンドイッチの提供を始めたために店内からコーヒーの香りがしなくなったのです。これらの出来事から第三の場所としての雰囲気がなくなり、顧客離れが起きたのです。

危機感を覚えた彼はＣＥＯに復帰します。このとき彼が行ったのはもう一度スターバックスを第三の場所にすることでした。彼の価値観に立ち戻ったのです。

具体的にはアメリカ国内の店舗を一斉に閉めてバリスタの再教育から始めました。そして店の雰囲気を損なわないようなメニューの開発や器具の使用、店舗デザインの変更などを行ったのです。また赤字にも関わらず社員への健康保険制度やストックオプションの制度は残しました。

こうして第三の場所に戻るための取り組みを行うことで社内は1つにまとまり、スターバックスは再び成長路線に転じたのです。もちろん困難を伴う作業でしたが、彼のもう1つの価値観である「負けじ魂」が生かされたのは言うまでもありません。

現在ではスターバックスは83の国と地域にまで広がり、第三の場所としての役割を果たしています。

もしシュルツ氏でなく別の経営者がスターバックスを経営していたら

スターバックスを例に価値観がいかに経営に影響を及ぼすかを見てきました。シュルツ氏の負けじ魂の価値観がスターバックスの第二創業につながり、自分らしくいることが誰にとっても重要だという価値観がスターバックスのビジネスモデルに影響を及ぼしました。

ここで〝もしも〟の話になりますが、シュルツ氏でなく別の経営者がスターバックスを経営していればどのような会社になっていたでしょうか？　例えばシュルツ氏と同じように低所得者層の家庭に育っても、貧しさを生み出す原因が社会構造にあると考え、貧しさを撲滅することが正義だと信じる経営者がいたとしたら。

きっと彼は最高級のコーヒーとバリスタの対応、時間を気にせず誰もがくつろげるような店づくりはしないでしょう。むしろ良質なコーヒーを誰もが気軽に飲めるようにしようとしたに違いありません。そして他社よりも低価格で全国あまねく提供するというビジョンを掲げるでしょう。

ビジョンが異なれば戦略も自ずと違ってきます。徹底的にサービスの向上と同時に迅速さと効率性を求めるはずです。迅速さと効率の高さによってコストを下げ、品質が均等で良質なコーヒーを低価格で提供しようとするでしょう。バリスタが提供するのではなく、コンビニエンスストアのように機械を使ってセルフで淹れるようになるかもしれません。店舗デザインも画一的なものにして、できるだけ多くの店舗を展開しようとするでしょう。社員へのストックオプションなどはなく、健康保険などの福利厚生制度も最小限に済ませてコストを抑えようとするでしょう。

これはシュルツ氏の考えるスターバックスとは真逆の方向です。このように価値観が異なれば出店戦略、マーケティング戦略、物流戦略、人事戦略などすべての戦略が違ってきます。

スターバックスを例にして価値観がどのように経営に影響するのかを見てきました。自分の価値観と向き合い、知ることはどのような経営を行いたいかの輪郭を与え、明確なビジョンをつくることに役立つのです。

5．価値観と向き合うための方法

①過去を振り返る

価値観と向き合うにはどうすればよいでしょうか？「あなたが最も大切にしている価値観は何ですか？」と聞かれて即座に答えることができれば何の苦労もありません。たいていの場合、人はこのような質問に戸惑ってしまうものです。

ここでは自分の価値観と向き合ういくつかの方法を紹介します。複数の方法を紹介するのは自分に合った方法を見つけてほしいからです。まず過去を振り返ることで価値観と向き合う方法について述べます。

価値観は人生経験の積み重ねから形成される

価値観は人生経験の積み重ねから形成されます。特に心理的なインパクトのある出来事に遭遇したとき価値観は生まれます。例えば楽天の三木谷浩史氏は日本興行銀行の勤務時代に米国で起業を意識し、阪神・淡路大震災で叔母夫婦を亡くしたことで実行に踏み切ったそうです。叔母夫婦の遺体と対面して人生は有限だという価値観を得たからです。

一般的に知られるように両親や友人、学校の先生など乳児期から思春期・青年期の人間関係は価値観の形成に大きな影響を与えます。また住環境や経済環境、受けた教育や選んだ職業も価値観を形成する要因となります（図表6）。また時代背景も価値観に影響を与えます。

例えば経済が発展して多様な生き方ができるようになり、結婚や子どもを持つことが必ずしも当たり前でなくなったことなどはこれに当たります。以上のことを考えると、価値観と向き合うには自分の過去を振り返ってみればよいことがわかります。

過去を振り返るワーク

白紙と筆記用具を用意します。縦軸に年齢、横軸に出来事など図表7のような表をつくります。次の質問に答えながら表の中の「年齢」と「出来事」、「感じたこと」や「行動」を埋めていきます。

・あなたにとって忘れられない出来事、心に残っている思い出は何でしょうか？
・それは何歳くらいの出来事ですか？
・その出来事に対して当時はどのように感じましたか？
・その出来事の後、どんな行動を取るようになったでしょうか？

〔図表6　価値観を形成する要因〕

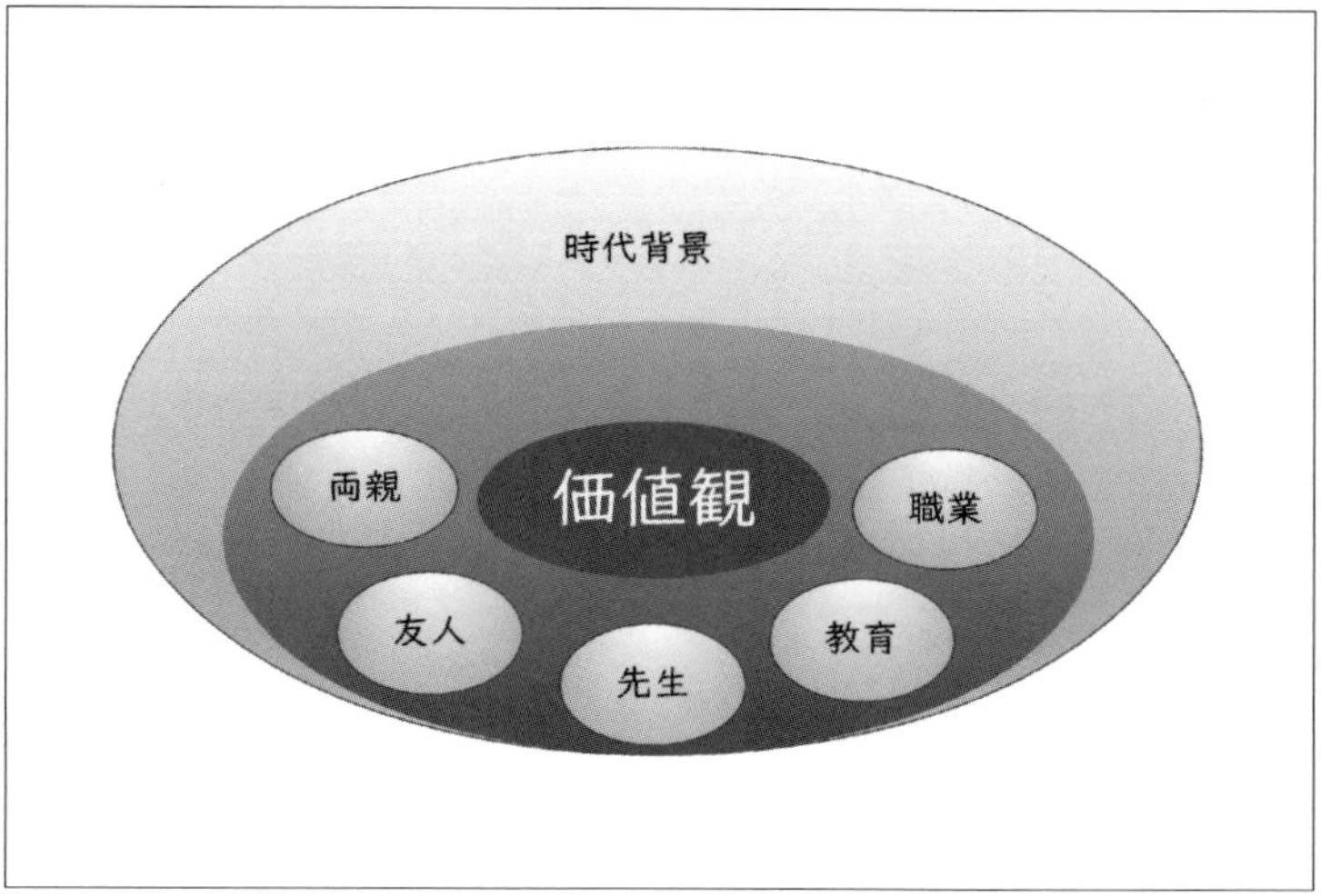

〔図表7　過去を振り返るワーク〕

年齢	出来事	感じたこと	行動	大切にしようとしたこと

すべての空欄を埋める必要はありません。例えば「出来事」や「感じた」ことは出てきてもその後の「行動」は出てこないかもしれません。昔のアルバムや日記などを見て、ゆっくりで構わないので時間を掛けて書いてみてください。

「出来事」は嬉しかったこと、楽しかったことなどよい出来事だけではないかもしれません。悲しかったこと、悔しかったこと、腹が立ったこと、辛かったことなどの悪い出来事もあるでしょう。両方の出来事を書き出してみましょう。

「出来事」や「感じたこと」、「行動」を書き終えたら、次の質問について考えてみます。答えは「大切にしようとしたこと」に書き入れます（図表8）。

・今から振り返ってみれば、当時何を大切にしようとしていたのでしょうか？

大切にしようとしていたことは1つかもしれないし、複数かもしれません。いくつか大切にしようとしていたことが出てきたなら、その中で今でも大切だと思うことは何でしょうか？　これがあなたにとっての大切な価値観になります。例えばスターバックスのシュルツ氏であれば「負けじ魂」や「自尊心」といった言葉が出てくるかもしれません。

他の例として第1章のヒロシさんがコーチングを受けながら実際につくった表を示します。第1章を読んでからこの表を見ると理解が進みます。

〔図表8　過去を振り返るワーク記入例〕

ヒロシさん

過去を振り返るワーク

年齢	出来事	感じたこと	行動	大切にしようとしたこと
小学校	友達と遊ぼうとして家に誘いに行ってもいなかった	寂しい、みんなと遊びたい	ひとりでヒーローごっこをして遊んだ	何でもひとりで何とかしなきゃいけない
小学校	間違ったことをすると父からひどく怒られた	怖い、間違ったことをするとまた怒られる		何事も正しいことすべき。間違ったことはダメ
4歳	母が家出をし、帰ってきたときに自分に抱きついて母が泣いた	どうしたらいいんだろう、何かしなくちゃ		・人生に悩んでいる人、苦しんでいる人の助けになる ・癒し
中学2年	歴史の授業で先生役になった	自分で調べるのは面白い、楽しい	わからないことはすぐに調べるようになった	・好奇心、探求心
16歳	母の自殺	悲しい、後悔、怒り、茫然	当時の記憶がない	・人生に悩んでいる人、苦しんでいる人の助けになる ・癒し

ヒロシさん

過去を振り返るワーク

年齢	出来事	感じたこと	行動	大切にしようとしたこと
16歳	会社で汗を流して社員と一生懸命働いている父の姿を見た	かっこいい、父のようになりたい	何事も努力を続ける	・継続すること ・努力し続けること
16歳	私立の高校入試に合格	やった～！		・何事も成功や成果を追い続ける
17歳	宮城まり子さんのサイン会	まり子さんのようになりたい		・人生に悩んでいる人、困っている人の助けになる

彼が思い出した出来事は、次のようなものでした。

・友達と遊ぼうとして家に誘いにいってもいなかったこと
・父からひどく怒られたこと
・母が家出をし、帰ってきたときに彼に抱きついて泣いたこと
・歴史の授業で先生役になったこと
・母の自殺
・会社で汗を流して社員と一生懸命働いている父の姿を見たこと
・私立の高校に合格したこと
・宮城まり子さんのサイン会

これらの出来事の中で彼に最も影響を与えたのは彼が助けることができなかった母親の自殺でした。そこから人生に悩んでいる人、苦しんでいる人の助けになることが彼にとって一番大切にしていることだと改めて気づいたのです。他にも好奇心や探求心、努力し続けること、成功や成果を得ることも彼にとって大切なことでした。

このように過去を振り返ることで何を大切にしたいのかがわかります。自分が何を大切にしたいのかがわかれば、将来どのように会社を経営していきたいのかも見えてきます。

②ジャーナリングを使う

過去を振り返るワークを実際に行ってみると、「忘れられない出来事や心に残っている思い出」は思い出せても、そのときどのように感じたのか、何を大切にしようと思ったのかがうまく出てこない場合があります。また人によっては思い出そのものが思い出せない場合もあります（例えばヒロシさんの母親が亡くなった当時のことが思い出せないように）。

このような場合、無理に過去を思い出そうとしたり、振り返ったりはせずにジャーナリングという手法を使います。

ジャーナリングとは何か

ジャーナリングは、アメリカのGoogle本社がマインドフルネスを基盤とするリーダーシッププログラムの中で行っている手法の1つです。マインドフルネスとは自分にいま起きている感覚や感情の動きに注意を向けることによって、あるがままの自分を受け入れることを言います。あるがままの自分を受け入れることで自己認識能力や創造性が高まります。自己認識能力が高まれば本当に自分が大切にしたいことに気づき、ビジョンもつくりやすくなります。

ジャーナリングの方法は至ってシンプルです。テーマに沿って思い浮かんだことを只々書いていくだけです。

準備するもの

・白紙の紙　Ａ４サイズ
・筆記用具
・タイマー
・カードサイズの紙またはポストイット

白紙のサイズは掛け線が入っていない無地の紙のほうがよいと思います。掛け線を気にせず自由に書けるからです。タイマーは時間が来ると音が鳴るようにしておきます。パソコンを使って行いたいという人もいるかもしれませんが、この作業は手書きで行ってください。なぜなら手書きのほうが脳を活性化し、記憶力や理解力を高めるからです。

ジャーナリングを行う前に

ジャーナリングを始める前に１人になれる場所に座り、心を落ち着かせましょう。隣に人がいたり、騒音が入ったりする場所は避けてください。音楽を聴きながらのほうが集中できるという人もいるので一概には言えませんが、私の場合は音楽も止めています。

ジャーナリングのルール

ルールはお題について思い浮かんだことを只々書いていくだけです。初めての人は10分くらいの時間からスタートします。タイマーをセットしてください。

まずはジャーナリングの練習から

まずはジャーナリングの練習を始めましょう。「自分の好きなこと」というテーマでジャーナリングをしてみます。あなたの好きなことは何でしょうか？　予行演習なので5分くらいで行います。タイマーをセットして思い浮かんだことを只々白い紙に書き続けてください。できるだけ手は止めずに書き続けます。

どうしても書くことが思い浮かばなかったら「今、私が書きたいことは…」あるいは「私の好きなことは…」と繰り返し書いてください。とにかく手を止めずに動かし続けることがポイントです。時間が来たらペンを置きます。

終わったら書いたものを見直してみます。何か気がついたことはあるでしょうか？　こんなことも好きだったのかと意外な発見もあるかもしれません。

本番：価値観と向き合うジャーナリングを行う

次に価値観と向き合うジャーナリングを行います。リラックスして行ってください。テーマは「自分にとって大切なこと」です。

あなたにとって大切なことは何でしょうか？　お金、家族、仕事、趣味、食べ物、人を楽しませること、人を励ますこと・・・。価値観に直接つながる抽象的な言葉はもちろん、具体的なモノやコトでも構いません。思い浮かんだ言葉をひたすら書き続けてください。

このときも大切なのは手を止めず、動かし続けることです。書くことが思い浮かばなかったら「今、私が書きたいことは…」あるいは「私の大切なことは…」と書きましょう。

もしお金やモノ、仕事や趣味など具体的なモノやコトについての言葉が出てきたなら、なぜそれらがあなたにとって大切なのかを考えてみてください。例えばあなたにとってお金はなぜ大切なのでしょうか？　仕事や趣味の中でどういった面が大切なのでしょうか？　連想したものを深めることでより多くの言葉が思い浮かぶはずです。

例としてヒロシさんがコーチングの中で行ったジャーナリングを紹介します。ヒロシさんには過去を振り返るワークのあとにジャーナリングも行ってもらったのです。ジャーナリングを行うことで自分の大切にしていることがより鮮明になるからです。彼の中から次のような言葉が出ました。

私の大切なことは、

- 次の世代に会社を残すこと
- 父の思いを引き継ぐこと
- 行き詰まっている人の助けになること
- 成果を得ること、形に残すこと

・好きな人や動物と一緒に過ごすこと
・本を読むこと、物語
・新しい知識や考え方、人について探求すること
・争いが起きないこと
・白いご飯、心が落ち着く
など。

キーワードにまとめる

ジャーナリングが終わったら書いたものを眺め、キーワードとしてまとめます。キーワードはカードサイズの紙やポストイットなどに書いていきます。1枚につき1つのキーワードを記入します。できればキーワードは8~10個挙げてみてください。一度のジャーナリングであまり出てこなさそうだったら日を置いて何度か行ってみます。ジャーナリングに慣れたら設定する時間を20分、30分と延ばして行っても構いません。
またキーワードが書けたら、なぜそのキーワードが出てきたのかも考えてみてください。例えばヒロシさんは次のようなキーワードを出しました。

・継続

〔図表9　キーワードの例〕

競争、勝利、強さ、リーダーシップ、他者への影響力、進歩、進化、平和、和、平穏、安らぎ、安定、つながり、友情、愛情、承認、いたわり、思いやり、愛、共感、寛容、エール、勤勉、努力、忍耐、積み重ね、名誉・名声、評価、成功、協力、協調、調和、バランス、規律、ルール、秩序、挑戦・チャレンジ、乗り越える、冒険、忠実、貢献、責任、向上心、刺激、WOW！、エネルギッシュ、ポジティブ、公平、正義、自由、平等、正確、慎重、直観的、論理的、一貫性、謙虚、感謝、ありのまま、個性、プライバシー、オープン、プライド、誇り、自信、伝統、モラル、イノベーティブ、クリエイティブ、イマジネーション、正直、誠実、信頼、純粋、美、優雅、輝き、裕福さ・豊かさ、笑い、ユーモア、遊び心、時間、健康、多様性など

・努力
・助けになること・支援
・成果
・つながり
・いやし
・好奇心
・探求心

出てきたキーワードを見てヒロシさんはコーチにこんなふうに述べています。

「自分は頭がよいほうではなかったから続けることで努力するしかなかった。続けてきたことだけが自分の強みになっていると思います。振り返ってみると亡くなった母の期待に応えようとしていたのでしょうね。成果があがらないと気が済まないから。

好奇心や探求心が強いのは今も変わりませ

ん。今でも興味を持ったことは本を読んだり、誰かに教えてもらったりして学んでいますよ。歴史の本とかは今でもよく読みます。

そして悩んでいる人や困っている人を見かけると今も何かできないかと思ってしまいます。会社を継いだのも困っている父を助けてのことだしね。私がいなくなっても会社が続いていくにはどうしたらよいのか、これからも社員の助けになればいいなと思います」

価値観を表すキーワードの意味はその人独自のものです。同じキーワードであっても意味は違ってきます。例えば「支援」という言葉をとっても人によって異なるのです。その人なりのキーワードを出すことがここでは重要です。

キーワードの例としては他にも図表9のような言葉があります。自分なりのキーワードを考える上での参考にしてください。

優先順位をつける

キーワードが出揃ったら優先順位をつけていきます。自分にとって最も大切だと思うものから順番にカードを並べて、番号を振っていきます。

番号が振れたら、本当にその順番でよいのかについて確認します。まず1番の番号を振ったカードと2番の番号を振ったカードを取り出し、「1番の○○と2番の××ではどちらが大切ですか？」

と自分に問いかけてください。1番のカードに書かれたキーワードのほうが大切なら順番はそのままです。そして今度は2番の番号を振ったカードと3番の番号を振ったカードを取り上げ、「2番の××と3番の□□ではどちらが大切ですか？」と自分に問いかけて2番目に大切なキーワードを決めていきます。

もし1番の番号を振ったカードよりも2番の番号を振ったカードのほうが大切だと感じたなら順番を入れ替えます。そして次に2番目になった1番のカードと3番の番号を振ったカードを取り上げ、どちらが大切かを決めます。

同じよう要領ですべての順番が決まったなら、その順番を見渡して腑に落ちるかどうかを再度確認します。並べたカードのうち最初の3～5つのキーワードが最も大切な価値観です。腑に落ちるまで何度でも見直してください。

順番をつけることができたら、なぜこの順番なのかを考えてみてください。例えばヒロシさんが付けた順番は「助けになること・支援」「成果」「好奇心」「探求心」「継続」の順でした。

「支援することの喜びを知っているからこれが一番ですね。いつも誰かの助けになりたいと思っています。2番目は成果かな。何をやっても結果が出ないと嫌です。会社をやっているので結果を出すことも求められていますから。成果をあげるには常に好奇心を持って探求していくことを続けるべきだと思うので、この順番です」

③ブロックを使って価値観を表す作品をつくってみる

なぜブロックを使うのか？

手は第二の脳と呼ばれるくらい私たちの両手は脳と結びついています。両手を動かすことによって、考えること以上に多くのことを知ることができます。３つめはブロックを使って「自分にとって大切なこと」を作品にする方法です。

ジャーナリングは手を動かしながら書くことで自分の内にある言葉を引き出す方法ですが、言葉を思い浮かべることに抵抗を感じることがあります。しかしこの方法だとまず作品をつくることから始めるのでより直感的に行うことができます。

ブロックはLEGO®がおすすめ

ブロックを使って作品をつくるとき、私はLEGO®ブロックを使っています。大きさもちょうどよく、手に馴染みやすいからです。様々な色や形状のものがあるので自分なりに工夫することができます。大きさもクラッシックという標準サイズとデュプロという大きなサイズがあるので、つくりたい作品によって使い分けができます。１人で作品をつくるなら50～60ピースもあれば十分でしょう。できるだけいろいろな種類のブロックを用意してください。ブロックの扱いに慣れていないのであれば何か見本を見て、その通りにつくってみるとよいでしょう。まずはブロックに慣れ親しんで組み立て方を覚えることから始めます。

「自分にとって大切なこと」というテーマで作品をつくる

ブロックの用意ができれば「経営を行う上で自分にとって大切なこと」というテーマで作品をつくります。作品を人に見せるわけではないのでブロックの組み立て方に上手い下手は関係ありません。つくった作品について自分が理解できればよいのです。とにかくブロックを手に取り、いじってみましょう。時間は3分くらいで直観的につくるのがコツです。

作品ができたら何を表しているのかをキーワードにまとめる

作品ができたら、その作品が何を表しているのかを説明してみます。作品全体は何を表しているでしょうか？　また作品の中の個々のパーツは何を表しているでしょうか？

最後に価値観を表すキーワードとしてまとめます。

ブロックで作品をつくるメリット

ブロックで作品ができたらすぐには壊さず、写真を撮って記録に残しましょう。ブロックを使うメリットは2つあります。1つは先程も述べたように直観的に表すことができるという点、2つめは価値観を視覚的に表すので記憶に残りやすいという点です。作品を見ると記憶がよみがえり、自分の価値観を再確認することができます。

図表10に示すのはある会社の経営幹部がつくった作品です。キーワードは「みんなで支え合う」

〔図表10　ブロック作品で価値観を確認する〕

でした。作品では複数の人形が支え合っているのがわかります。像やライオン、トラは強さを表しています。像の上に置かれたトロフィーはチームで勝つことの象徴です。チームプレーで勝利することが彼にとって最も大切なことだということが作品から読み取れます。実際、彼は社内でもチームワークを重視した取り組みを行い、成果を上げていました。

④専門家の助けを借りる

ジャーナリングを行ってもしっくりこない、ブロックで作品をつくるのも抵抗がある。そういうときは専門家の助けを借りるのも一手です。ヒロシさんのようにプロのコーチからコーチングを受けたり、ブロックを用いて組織開発を行うコンサルタントの指導を受けたりすることができます。

⑤ビジョン作成ワークシートに記入する

ここまで自分の大切にしたい価値観と向き合う作業について述べてきました。価値観をキーワードにまとめることができたら、ビジョン作成ワークシート（巻末）の「大切にしたい価値観は?」の欄に記入します。またキーワードが自分にとってどのような意味があるのかについても考えてみてください。

巻尾206頁に第1章で述べたヒロシさんを例に記入例を載せています。参考にしてください。

価値観が経営理念の中に含まれていないのなら経営理念を見直す

価値観と向き合う方法について述べてきましたが、ここで経営理念についても見ていきましょう。キーワードとして表した価値観が経営理念の中に含まれているかどうかを確認します。もし価値観の中で含まれていないものがあれば経営理念そのものを見直すことをすすめます。

経営理念は社会における役割や使命、存在意義について述べたものであり、企業としてどのような行動を取るのかを示したものです。そこには経営者自身の価値観から来る事業への思いや考えが反映されています。中小企業にとって理念の実現は経営者の価値観の実現と言っても過言ではありません。そのため理念は頻繁に見直すものではありませんが、大切な価値観が理念に含まれていないと気づいたなら見直すべきです。

特に後継者の場合、理念は先代が立てたものであり自分の価値観が充分に反映されているとは言えない場合が多いのではないかと思います。先代からの教えを大切にし、守ることも大切ですが、自分独自の価値観をそこに付け加えて自分らしさ、つまりオリジナリティを出すのはさらに重要だと思います。なぜなら時代の変化に伴って環境も変わっていくからです。例えば三重県にある食品メーカー、柿安本店は創業者が始めた牛鍋店から牛肉しぐれの販売へ、そして和菓子の販売へと代々に渡り自分のオリジナリティを出しています。それぞれの価値観が違うからこそオリジナリティが出せるのです。

経営理念を見直すと改めてビジョンとの相互関係の強さに気がつきます。理念を見直すことで会社のありたい姿がより鮮明になるからです。ビジョンをつくる前に理念にどのような価値観が含まれているのかについて作成チームで話し合うとよいと思います。価値観について話し合うことでビジョンを実現していく上での行動指針になるからです。

6．作成チームで価値観を共有する

まずは１人ひとりが自分の価値観を再確認する

作成チームでビジョンをつくるときはチームメンバーの価値観を共有するところから始めます。最初に過去を振り返るワークやジャーナリング、ブロックを使った作品づくりなどを通して、１人ひとりが個別に自分の価値観を再確認します。

このとき価値観は必ずキーワードにすることを忘れないでください。キーワードにするのは自分が価値観を確認する意味もありますが、他のメンバーにも自分の価値観を覚えてもらうためです。

お互いの価値観を見せ合う

1人ひとりが自分の価値観と向き合うことができたなら、作成チームで集まってお互いに出したキーワードとその優先順位を発表し合います。このときファシリテーター役の人を決めるとよいでしょう。

発表するときはそれぞれのキーワードの意味や、なぜその順番なのかについても説明します。このとき聞いている他のメンバーは詳しい説明を求めたりすることはできますが、意見を言ったりすることは差し控えます。なぜならそれぞれの人のキーワードはその人独自のものであり、大切なものだからです。質問も相手のことを理解するためにのみ行ってください。

価値観を組み合わせて、会社のありたい姿を考える

お互いのキーワードを見せ合い、キーワードの意味するところも理解し合えたなら、今度は参加メンバー全員のキーワードを合わせて、将来の会社のありたい姿をつくっていきます。

例えば愛情、チャレンジ、クリエイティブ、自由、努力、誠実という価値観から、「お互いが愛情を持って誠実に努力を積み重ね、自由でクリエイティブなことにチャレンジしていく」といった

具合です。全員が腑に落ちるまで文章は練っていきます。

最後にファシリテーターは1人ひとりに「このビジョンで腑に落ちましたか？」と聞いていきます。全員が腑に落ちたなら、これがチームの価値観となります。

ブロックでお互いの価値観を合体させた作品をつくる

ブロックを使ってお互いのキーワードを合体させた作品をつくることもできます（図表11）。

(1)　まず1人ひとりが「経営を行う上で自分にとって大切なこと」というテーマで作品をつくります。作品を表すキーワードも考えます。

(2)　つくった作品を共有します。1人ひとりが順番に「この作品は○○（キーワード）です。この部分は～を表していて、これは～を表しています。」というふうに、キーワードを述べながら作品について説明していきます。他の人は作品について質問があれば、「作品の××のところは何を表していますか？」と聞きます。質問はあくまで作品を理解するために行ってください。

(3)　全員の作品についての説明が終わり、その作品が何を意味しているのかを理解できたら全員がすべての作品のキーワードを言えるようになるまで共有します。

(4)　全員がすべての作品のキーワードを言えるようになったら、今度は自分の作品の中からキーワードを最も象徴している部分を切り離します。切り離した部分を持ち寄り、話し合いながらそれらを合体させて1つの作品に仕上げます。このとき必要なら新しい部品を付け加えても構いま

〔図表11　価値観を合体させた作品〕

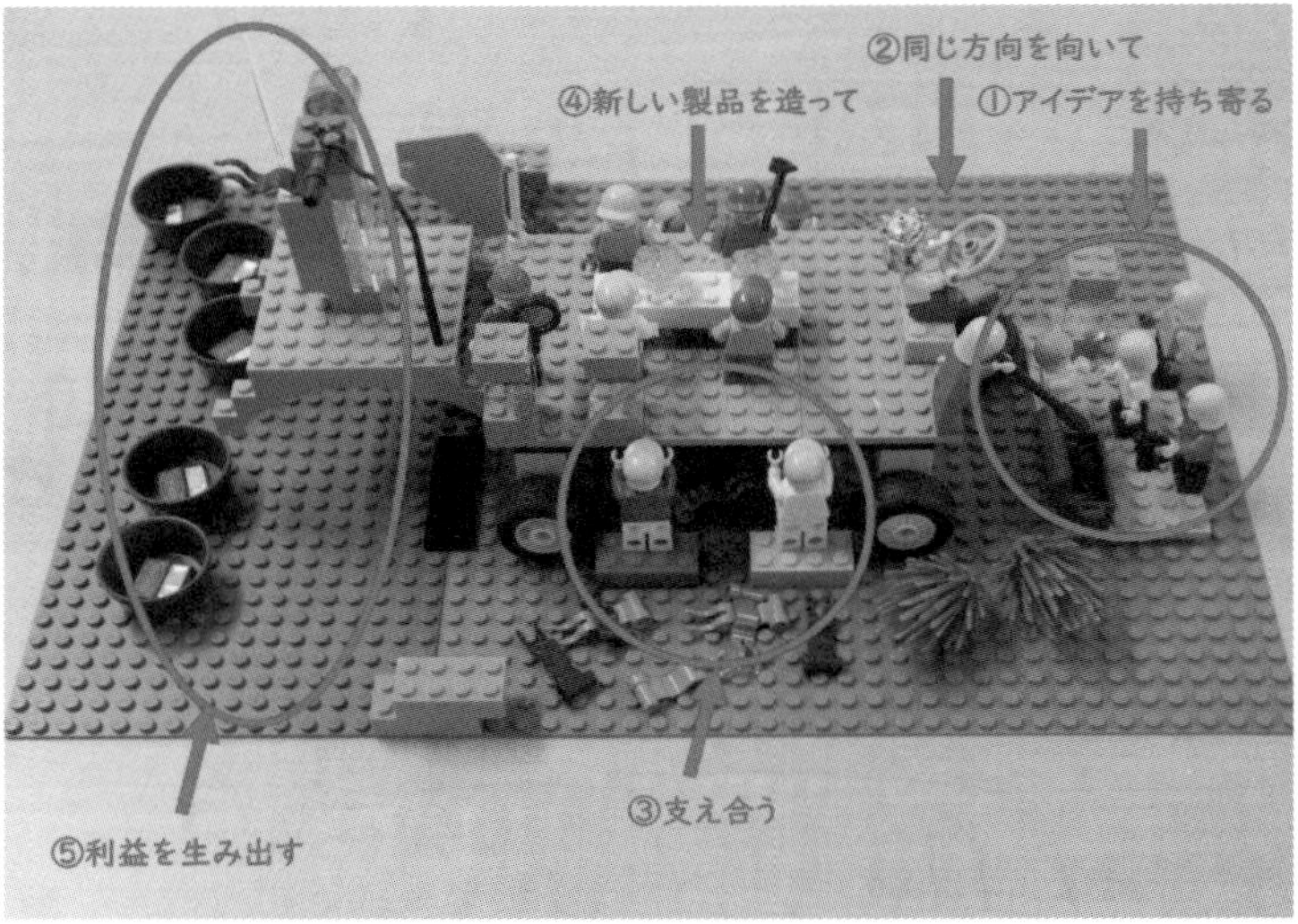

せん。

例えば、図表11は3人の経営幹部が集まってつくった作品です。一番右端が「人が集まってアイデアを持ち寄ること」を表しています。その左隣は人が前を向いて運転する姿を描くこと「同じ方向を向いていること」を表しています。真ん中の板の上に載っているのが「新しい製品を造っているところ」、そして板を支える人は「支え合うこと」を表しています。一番左端は金と緑のバーが入っている入れ物で「利益を生み出していること」を表します。

合わせると「アイデアを持ち寄って全員が同じ方向を向いて支え合い、新しい製品を造って利益を生みだす」というチームの価値観ができあがりました。

作品は写真に撮って、いつでも思い出せ

るようにします。自分たちの手でつくった作品なので、何を表しているのかを案外覚えているものです。

（補足）LEGO®ブロックを使って組織の抱える課題を可視化し、チームメンバーの知恵を結集して解決に導く手法としてLEGO®シリアスプレイ®を活用したプログラムがあります。

7.「こんな会社でありたい」と思う理想の姿を描く

ありたい姿を〝空飛ぶ豚〟から描く

ステップ1では自分の大切にしていることと向き合い、価値観をキーワードにしました。次のステップではキーワードを使って、あなたが「こんな会社でありたい」と思う理想の姿について考えていきます。

このとき実際に実現できるかどうかを思う必要はありません。英語ではありえない不可能なことを〝flying pig〟すなわち「空飛ぶ豚」と呼んでいますが、まずは空飛ぶ豚でよいのです。なぜなら人には「もっと能力を発揮したい」、「もっと成長したい」、「もっとよくしたい」、「よりよく生きたい」という自己実現の欲求があるからです。

夢という言葉を使ってもよいかもしれません。ただしこの場合の夢とは漠然と「こうふうになったらいいな」というものではなく、自分から「やってやろう、実現しよう」と思う強い意志を持った夢のことです。

例えば、ソフトバンクの孫正義氏は創業時にトタン屋根の会社の中で、たった2人の社員を前にして「いずれは豆腐のように、売上を一丁（兆）、二丁（兆）と数えたい」と語ったというエピソードがあります。社員は「この社長は一体何を寝ぼけたことを言っているんだ？」という気持ちだったでしょうが、孫氏は本気でした。会社を成長させ、後にこの言葉を実現させたのです。あなたならではの理想のありたい姿を描いてください。

ありたい姿を描くとき、次の3つの質問から考えてみるとよいでしょう。

- お客さまに対してどのような会社になりたいですか？
- 社員に対してどのような会社になりたいですか？
- 社会の中でどのような会社になりたいですか？

すべての質問について答えようとする必要はありません。一番考えてみたいと思う質問を取り上げます。自分らしく経営するために成し遂げたいことやありたい理想の姿にキーワードとして表した価値観を反映させます。「私の大切にしていること（私の価値観）は○○（キーワード）である。だから〜のような会社にしたい」というふうに考えます。例をいくつかあげます。

「私の大切にしていることは一番になることである。だから業界で日本一の会社になりたい」

「私の大切にしていることは誰もが自分らしくなれるようにすることである。だから社員1人ひとりが働く意義を持てるような会社になりたい」

「私の大切にしていることは私に関わる人々が喜んでくれることである。だからお客さまや会社で働く社員が『この会社でよかった』と思ってくれる会社にしたい」など。

理想の姿からどんなことが起こればよいかを考える

次に「こんな会社でありたい」と思う理想の姿から顧客や社員、社会に対してどんなことが起これればよいのかを考えてみましょう。

あなたの描く会社の理想の姿から

・顧客にどんなことが起これればよいと思うでしょうか？
・社員にどんなことが起これればよいと思うでしょうか？
・社会にどんなことが起これればよいと思うでしょうか？

社会にどんなことが起これればよいのかについて考えにくければ、社会の中で自社がどんなふうになればよいのかという質問に置き換えても構いません。ビジョン作成ワークシートの「どのような会社にしたい？」と「どんなことが起こればよい？」の欄にそれぞれ考えたことを書いていきます。
再び例としてヒロシさんがコーチングを受けながら理想の姿をつくる場面を取り上げます。

コーチ「価値観と向き合う作業を行ってどんなキーワードが出ましたか？　またそれはどんな順番ですか？」

ヒロシ「最初に助けになること・支援、次に成果、好奇心、探求心、継続というキーワードです」

コーチ「そこからヒロシさんが理想とする会社のありたい姿は何ですか？」

ヒロシ「S社はメーカーに器具を造って納める会社です。まずお客さんの困り事や悩み事が解消できるのが一番。私たちが支援することでお客さんに成果があがることが最高だと思います。
それから社員の人たち。S社で働いて、困っていることや悩み事が起こるときもあります。そういうときみんなで相談し合って解消できるような会社にしたいですね。そうなるためにはいつも好奇心と探求心を持って、1つのことを継続することが大切だと思います」

コーチ「好奇心や探求心、継続することはヒロシさんにとって大切なことですが、前のふたつを実現するための手段のようにも聞こえますね。改めて今言ったことをまとめてみると、どんな会社にしたいですか？　『私の大切にしていることは○○です。だから～のような会社にしたい』というふうに考えてみてください」

ヒロシ「そうですね、大切にしていることは悩みを解消して成果をあげてもらうことです。だから

　　　S社に関わる人たちの悩みが解消されて『この会社に関われてよかった』と思ってもらえるような会社にしたいです」
コーチ「それがあなたの理想の姿なんですね。理想の姿からお客さまにはどんなことが起こればよいなと思いますか？」
ヒロシ「S社と取引してもらうことで悩みが解消され、お客さまがもっと儲けることができればよいなと思います」
コーチ「社員にはどんなことが起これればよいなと思いますか？」
ヒロシ「仕事で悩んでもお互いに相談し合うことで悩みが解消されて、この会社で働いてよかったと思ってもらえるようになればよいなと思います」
コーチ「社会に対してはどうですか？」
ヒロシ「小さな会社だけれど日本の産業の支えの一端を担うような会社になればよいですね」

8. 理想の姿を実現するための課題を知り、ビジョンをつくる

　ビジョンは会社の目指す理想の姿であると同時に実現できなければ意味がありません。空を飛ぶ豚のようにありえないままではいけないのです。そのため次のステップでは理想の姿を実現するためにどのような課題があるのかを見つけます。飛んでいる豚を地表に戻すのです。

具体的に何をすればよいのかについて誰もがわかるくらいの表現にする

大企業のビジョンを見ると、「お客さまに選ばれる」、「期待を超える」、「信頼される会社になる」、「成長し続ける」、「活気あふれる企業になる」といったような抽象的な言葉でちりばめられています。

しかし私は中小企業のビジョンを抽象的な言葉で塗り固めるのはあまりすすめません。大企業がこれらの言葉を使うのは、その裏に明確な戦略や仕組み、目標の裏づけがあるからです。

明確な戦略や仕組み、目標の裏付けなしに中小企業が大企業のようなビジョンを立ててもあまり意味はありません。社員はビジョンで謳うことについて漠然とはわかるかもしれませんが、具体的に何をすればよいのかまでわからないからです。結果としてビジョンはできたけれど実現に向けては何も進まないといったことが起こります。

中小企業のビジョンは具体的に何をすればよいのかについて誰もが見て、わかるくらいの表現のほうがよいのです。

取り組むべき課題をあげる

具体的に何をすればよいのかについて誰もがわかる表現にするためには、ありえないほどの理想の姿を実現するためにどのような課題があるのかを見つけることです。

作成チームでビジョンをつくる場合は、参加メンバーがビジョンの実現に向けてこれからどのような課題に直面するのかについて話し合います。ビジョン作成ワークシートの「どんなことが起きればよい？」に書いたことが課題を見つける際のヒントになるはずです。

チームで課題をあげるときブレインストーミングを使うと有効です。ブレインストーミングは集団でアイデアを出し合うことで1人では思いつかないような発想を生み出すための会議手法です。①他者が出したアイデアは批判しない、②リラックスして自由に発言する、③アイデアの質よりも量を重視する、④出されたアイデアを膨らませるといったルールを守りながら行います。

一通り課題が出尽くしたら課題を分類、整理します。整理された課題をビジョン作成ワークシートの「取り組むべき課題は？」に記入しましょう。そして整理された課題の中からビジョンを実現するために最も重要な課題を選んでワークシートに記入します。

例としてヒロシさんが社員と話し合って見つけた課題を示します。課題を整理すると次の４つになりました。

- 現状の製品では競合他社との差別化がしにくく、価格競争に陥りやすい。
- 市場が縮小傾向にあり、新しい市場を開拓する必要がある。
- 長期間に渡り新製品が生まれていない。
- 事業を継承したときに若手だった社員も現在はベテランになっており、次の若手の育成が必要。

コーチが「この中で最も取り組むべき課題は何ですか？」と聞くと、「長期間に渡って新製品が生まれていないことですね。競合他社と競争するにも、新しい市場を開拓するにも新製品が必要ですから。それに新しい取り組みをしていかないと若手も入ってくれませんし」と答えました。

ビジョンをつくる

ありたい理想の姿と最も取り組むべき課題からビジョンをつくります。ビジョン作成ワークシートの「ビジョン」欄にビジョンを書き入れます。ではコーチングを受けながらヒロシさんのつくったビジョンを見てみましょう。

コーチ「ヒロシさんが後継者の人とつくったありたい姿は、S社に関わる人たちの悩みが解消されて『この会社に関われてよかった』と思ってもらえるような会社にすることでしたね。一方、最も取り組むべき課題は、長期間に渡って新製品がないので新製品を開発することでした。この2つからビジョンをつくっていきましょう。どんなビジョンがつくれますか？」

ヒロシ「そうですね。この会社に関わる人の悩みが解消されることと『この会社に関われてよかった』と思ってもらえるようになることは外したくないですね。新製品を開発するのもお客さまの悩みを解消するためですから、お客さまの悩みを解消できる新製品を開発して、社員が『この会社に関われてよかった』と思ってもらえるような会社にするではどうでしょうか？」

コーチ「社員さんに『この会社に関われてよかった』と思ってもらえるようなという言い方は経営

者であるヒロシさんがすべてをやらないといけない印象を私は受けます。社員の方にも積極的にビジョンに関わって欲しいですよね」

ヒロシ「そうですね。お客さまの悩みを解消できる新製品を開発して、社員全員で誰もが『この会社でよかった』と思える会社をつくるにしようと思います」

コーチ「社長の思いが伝わってきます」

9．制約から課題を考える

いくつも課題があって絞りきれないときは

ビジョンを実現するための最も効果的な方法は、それに向けて最も効果の上がる課題に取り組むことです。

しかし「いくつも課題があって、どの課題に取り組むことが最も効果的なのかがわからない」といった声も聞きます。1つのことに集中するのが一番よいことは理解できるのですが、あれもこれもやらなければいけないことが出てきてすべてが重要な課題に見えてくるのです。

これはどの課題に取り組むのかというマネジメントの問題です。この問題を解決するのに役立つのがTOC（制約理論）の「制約」という考え方です。

TOC（制約理論）とは

TOCは物理学者エリヤフ・ゴールドラット博士によって1970年代後半に開発されたマネジメント手法です。製造業における生産のマネジメントからプログラム開発や公共事業におけるプロジェクトのマネジメント、サプライチェーンや小売業でのマネジメントなど、その適用範囲は多岐に渡っています。

TOCをひとことで言うと「何に集中してマネジメントを行えばよいのかを考えるための理論」です。もともとは生産のマネジメント手法から始まっているので、工場を例にしてこのことを考えてみましょう。

工場はいくつかの生産工程に分かれています。生産工程というのは原材料が加工されて製品になるまでの作業の順番のことを言います。例えば加工を行う加工工程、加工された部品を組み立てる組立工程、検査を行う検査工程といった具合です。工場におけるマネジメントは工程管理と言って、それぞれの工程の進捗が計画通りに進んでいるのか、品質は保たれているのかといったことを統制管理することです。

ここである工場の生産を仮定してみましょう。この工場では原材料を加工して組立を行っています。組立が終わると塗装を行い、最後に品質の検査をしてから顧客のところに出荷されます。

1日に処理できる数は加工工程が150台、組立工程が120台、塗装工程が100台、検査工程が130台です。さてこの工場では1日にどれくらいの製品が出荷できるでしょうか？

答えは100台です。なぜなら塗装工程が1日100台までしか処理できないからです。塗装工程の前に当たる組立工程は1日120台まで処理できます。しかし塗装工程が100台しか処理で

〔図表12　工場全体の出荷量は塗装工程の能力で決まる〕

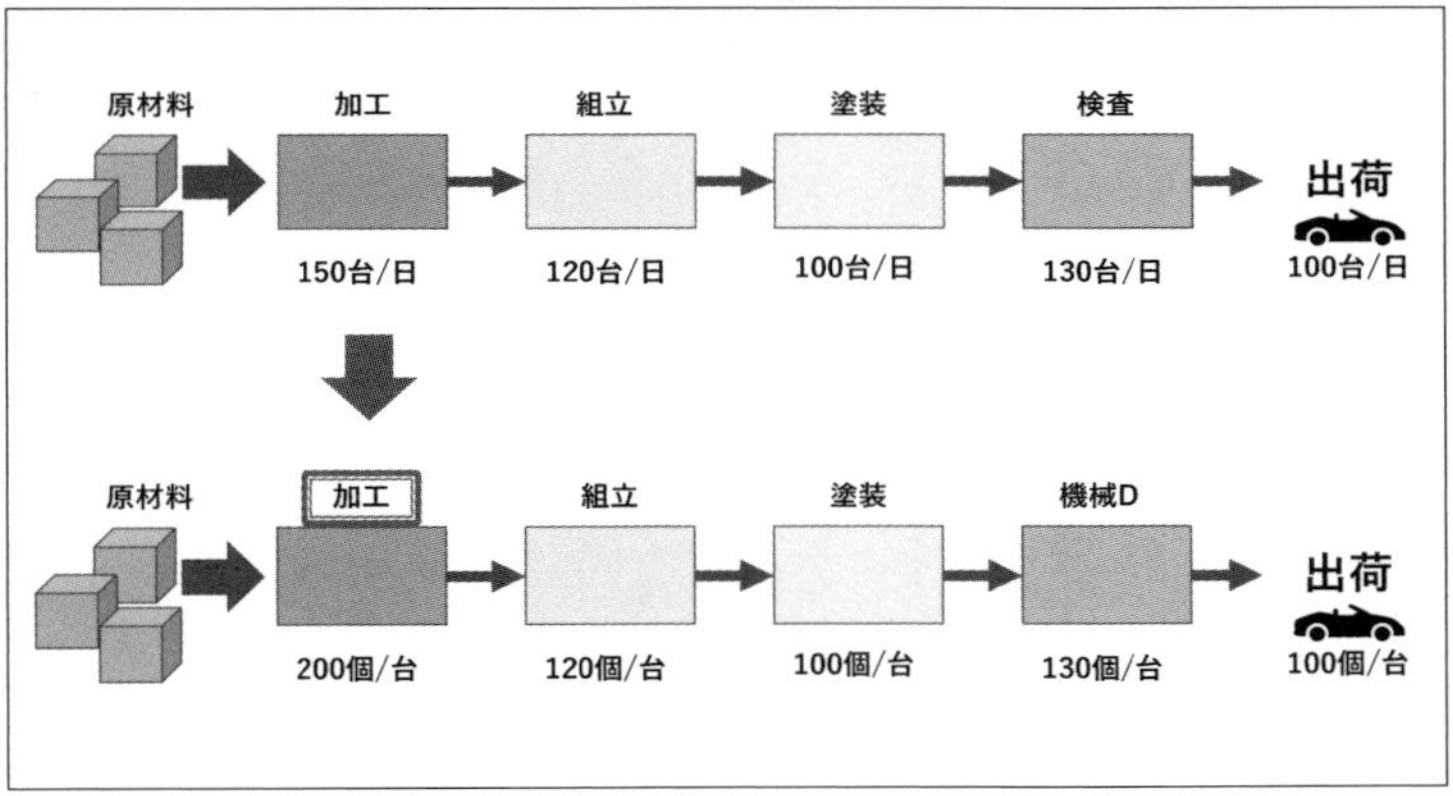

きないので、組立工程から流れてくるすべての台数を処理しきれません。また塗装工程の次の検査工程は１日１３０台の処理ができますが、塗装工程から１００台しか流れて来ないので顧客にも１日１００台しか出荷できないのです。

　工場の生産はよく川の流れに例えられます。１日に処理できる数の大きいところは川幅の広いところ、処理できる数が少ないところは川幅の狭いところです。川幅の広いところから川幅の狭いところに水を流しても、出てくる水の量は狭い川幅を流れる水の量と同じです。一度に流れる川の水量は川幅の一番狭いところで決まるのです。この工場の川幅の一番狭いところが塗装工程です。言ってみれば塗装工程がこの工場全体の生産台数を決めているのです。

　さてこの工場では加工工程に最新式の機械を導入することにしました。加工工程の機械が老朽化しており、担当者から新しい機械を買うことが課題として出ていたからです。最新式の機械は1日200台の処理能力があります。果たしてこの工場が出荷できる台数は上がるでしょうか？

もちろん上がりません。確かに加工工程だけみると1日に処理できる台数は3割以上も上がりますが、工場全体の生産台数を決めている塗装工程は従来のままです。つまり最新式の機械を導入しても1日に出荷できる台数は100台のままなのです。もし工場全体の生産台数を引き上げようとするならば、機械の老朽化という課題よりも塗装工程が処理できる台数をいかに上げるのかという課題に集中すべきです。このように TOC はマネジメントを行う上でどこに集中すべきかを教えてくれます。

マネジメントの集中するところ：制約

どのようなビジョンを描いたとしても利益が上がらなければビジョンは実現できません。例えば「社員が生き生きと働けるような会社にする」といったビジョンであっても、利益がなければ生き生きと働ける環境をつくることさえできません。

ありとあらゆるビジョンには利益を上げるという課題が付きまとうのです。利益は売上から費用を差し引いて算出されます。利益を上げようとすると売上を上げるか、費用を下げるか、それともその両方を行うかをしなければいけません。

つまりどこに集中してマネジメントを行うのかを決めなければいけないのです。TOC ではマネジメントの集中すべきところを「制約」と呼んでいます。

制約とは先程の塗装工程が工場全体の生産数量を決めているのと同じように、会社全体の利益のレベルを決める要因や要素のことです。このレベルになるといくら改善してもこれ以上の利益は伸ばせません。

制約には次の３種類があります。

①キャパシティ制約

市場の需要は十分あるのに会社のキャパシティ（能力）がそれに追いつかない場合のことを「キャパシティ制約がある」と言います。

例えば毎日１５００個の需要があるのに、８００個しか供給できないような場合です。注文の申し込みをしても生産が追い付かずに入荷待ちが続いているといった現象はこれにあたります。キャパシティ制約がある場合、品物やサービスがなかなか手に入らず、顧客が購入そのものを諦めてしまうので販売機会を喪失したりします。

②市場制約

キャパシティ制約とは反対に顧客からの注文量が十分ではないため、このままでは成長を維持できないような場合のことを「市場制約がある」と言います。この場合、社内のキャパシティは十分に余っています。多くの日本企業にはこの市場制約が見受けられます。

市場制約がある場合、社内では部門間の対立といった形で現れることがあります。例えば「売れないのは売れるような製品を製造がつくらないからだ」、「いや、売れないのは営業が売る努力をしないからだ」といった対立です。売上が伸びない責任を他の部門に押し付けたりするのです。こういった論争が起こるのはそもそも市場からの注文量が十分でないためです。

③時間制約

時間も制約になります。市場の要求に対してレスポンスタイム、つまり実際の納期が長すぎるために新しいビジネスを獲得することができないばかりか、すでに注文を受けた顧客との約束も守れないような場合を「時間制約がある」と言います。

プロジェクトを手掛けているような会社がこれに当てはまります。例えばプラント建設や公共事業、システム開発などプロジェクトの進行が遅れて納期が守れず、そのためにペナルティーを支払う羽目になったり新規の注文を取ることができなくなったりする場合です。

キャパシティ制約がある場合は会社のキャパシティを高めることに課題があります。市場制約がある場合は市場からの注文を増やすことについて、時間制約がある場合は限られた時間内に仕事を終えることについて課題があります。まずは自社の制約がどこにあるのかを見つけることが重要なのです。

どの課題に集中すべきなのかを見つける

制約がどこにあるのかがわかれば、どの課題に集中するべきかということがわかります。次にそ

〔図表13　供給リードタイムを短くする〕

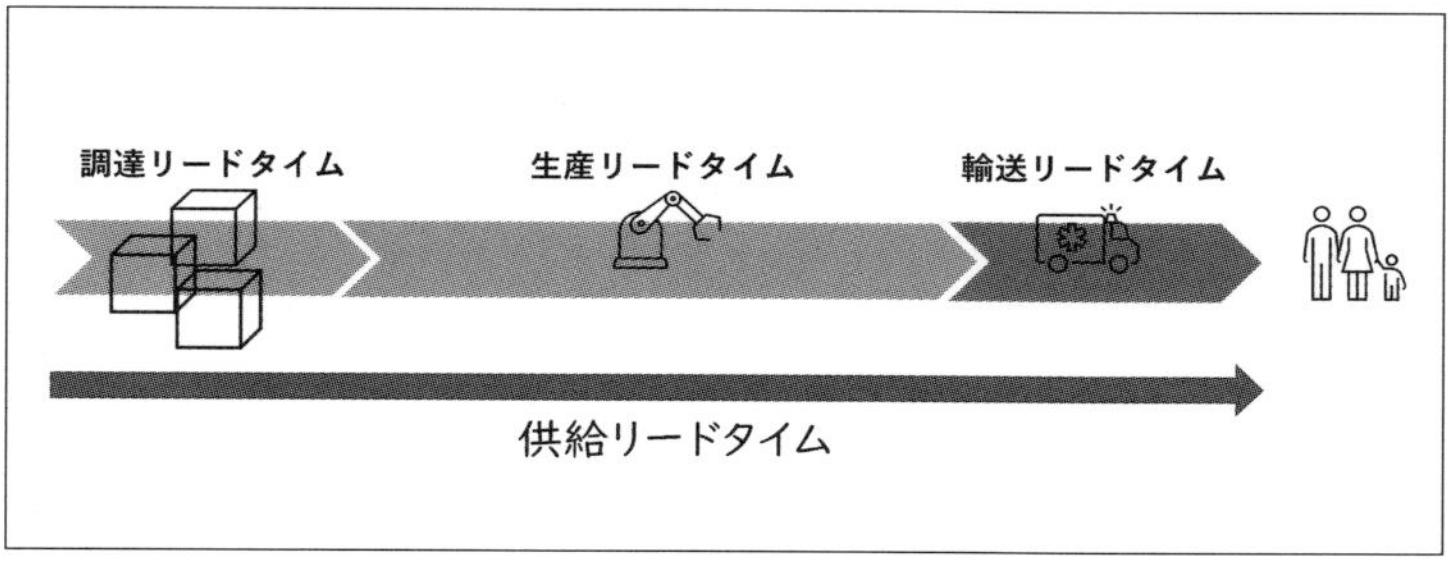

れぞれの制約から集中すべき課題を見ていきます。

◎キャパシティ制約

キャパシティ制約は市場の需要が十分あるのにキャパシティがそれに追いつかないことです。例えば製造業であれば生産が追い付かず、品切れ状態を起こしているような状態のことを言います。このようなときは一度に行う供給量を増やすか、それとも供給するスピードを上げることです。

一度に行う供給量を増やすとは、設備投資を行って新しい工場を建てたり、生産ラインを増やしたりして生産量を増やすことを言います。1日1万個生産していたものを2万個生産できるようにするのです。しかしこれにはリスクが伴います。増えた分の需要がずっと続けばよいのですが、ブームが終わって需要が減ってしまうと今度は生産過剰となり、不要な設備が余ってしまいます。設備投資を行う場合は、事前の需要予測が重要な課題となります。しかし需要はそもそも変動するものなので予測することには困難を伴います。

もう1つの方法は供給スピードを上げることです。先程、工場の生産を川の流れに例えましたが、川幅（供給量）を拡げて一度に流れる水量を増やすことができないのなら、流れる水の速度を早くするのです。つまり川上である原材料から川下である消費者に届くまでの時間である供給リードタイムを短くします。

供給リードタイムは生産に必要な原材料や部品などを調達するための調達リードタイム、生産を行うための生産リードタイム、商品を消費者に届けるまでの輸送リードタイムから成り立ちます。効率を高めてそれぞれのリードタイムを短くすることが課題となります（図表13）。

◎市場制約

市場制約は顧客からの注文量が十分ではないため、このままでは会社の成長を維持できないような場合を言います。この場合、社内のキャパシティは十分に余っています。

市場制約がある場合は販売とマーケティングが主役になります。まずは販売において顧客からの注文を取りこぼさないようにすることです。つまり顧客からの案件の成約率を高めることが課題となります。小売業であれば来店した客にいかに買ってもらうかが課題となるでしょう。そして成約率を高めるために大切なことは顧客を失望させないことです。顧客を待たせたり、不便さを感じさせたりしない取り組みが大切になります。

次に顧客の数を増やすことが課題です。小売業であれば来店客数を増やすことです。広告やPR、営業担当者や販売員などにより製品やサービスの情報提供、SNSの活用、サンプリングや景品、クーポン制度やノベルティを用いた消費者向けの販売活動、展示会や販売支援などの流通業者向けの販売促進などのマーケティング活動が重要になります。

◎時間制約

時間制約はプラント建設や公共事業、システム開発など、プロジェクトを手掛けている会社によく見られる制約です。これらの会社では限られた人員で顧客からの要望に応じなければいけないため、１人当たりが抱えるプロジェクトの数がいつも多く、マルチタスクの環境下にあります。マルチタスクの環境下にいると複数のプロジェクトの間を行ったり来たりするので、１つの業務に集中することができません。そのため全体のリードタイムも長くなり、納期も遅れがちになります。結果的に顧客との当初の約束を守ることができず、また余裕がないために新しいビジネスを獲得することも難しくなるのです。

時間制約がある場合は顧客との約束を守って納期通りに納めることが最も大切な課題になります。

制約がどこにあるかによって、どの課題に集中すべきかがわかります。まず自社の制約がどこにあるかについて調べましょう。事例として取り上げているヒロシさんのS社の場合は次のような課題がありました。

・現状の製品では競合他社との差別化がしにくく、価格競争に陥りやすい。

・市場が縮小傾向にあり、新しい市場を開拓する必要がある。
・長期間にわたり新製品が生まれていない。
・事業を継承したときに若手だった社員も現在はベテランになっており、次の若手の育成が必要。

4つの課題のうち3つまでは制約が市場にあることを示しています。最初の2つは注文量が十分ではないことを、残りの1つは新製品の課題で最初の2つの課題を解決するために出た課題です。制約が市場にあるので、ビジョンに顧客のことを謳っているのは適切だと言えます。

10. ビジョンをブラッシュアップする

3つの視点からビジョンを見直す

こんな会社でありたいという理想の姿と課題からビジョンができたら、ありたい姿を考えるときに行った質問についてもう一度考えてみましょう。

・お客さまに対してどのような会社になりたいですか？
・社員に対してどのような会社になりたいですか？
・社会の中でどのような会社になりたいですか？

今度は必ずすべての質問に答えるようにします。できあがったビジョンを前記の3つの視点から見直すことで足りないところが見えてきます。

例えば「社内のことばかり考えていて顧客のことや社会の中での役割は考えていなかった」、「顧客のことばかりで社員については何も触れていなかった」、「顧客や社員については考えたけれど、会社を取り巻く地域社会についての視点が足りなかった」などです。

足りなかったところを作成チームのメンバーで話し合いましょう。話し合う中でさらに気づきが得られたら、そのことをビジョンに反映させてブラッシュアップします。

経営者1人でつくったビジョンはたたき台とする

経営者が1人でビジョンをつくった場合は、これをたたき台として社員から率直な意見や感想を聴きましょう。このときビジョンについて説明する前に経営者の経営哲学や経営理念についても話しておくとよいです。なぜこのビジョンなのかについて、背景として理解してもらうためです。時間をかけて説明してください。

大切なのは社員と共有できるビジョンを持つことです。社員からはビジョンの内容だけでなく、表現のしかたや言い回しについての意見も出るかもしれません。前述の3つの視点からもビジョンを眺めるようにします。彼らと話し合いながらビジョンをより最適なものにブラッシュアップしましょう。

11. 評価指標を考える

評価指標を考える意味

社員と共有できるビジョンができたら、評価指標について考えます。評価とはよいか悪いかを判断すること、指標は評価したり判断したりするための目印のことです。つまり評価指標とはビジョンが実現に向けて正しく進んでいるのかどうかを示す目印です。

ビジョンに評価指標を設けるのには3つの目的があります。1つはマネージャーが自分たちの目標や計画を立てやすくするため、2つめは経営上の問題点を明らかにするため、そして3つめは現状から飛躍するためです。

もしマネージャーがビジョンだけを示されて、ここから目標や計画を立てろと言われても戸惑うでしょう。目標や計画を立てるには何らかの目安が必要です。ビジョンを実現するための評価指標が売上高なら、マネージャーは売上を上げるための目標や計画を考えるだろうし、評価指標がコストであれば、コストを下げるための目標や計画を考えるでしょう。評価指標は目標や計画を立てる上での目安になります。

また評価指標があればビジョンの実現に向けてどこまで進んでいるのかがわかります。もし思うように進んでいないことがわかると、なぜ進んでいないのかを考えます。そこで新たな経営上の問題点が明らかになるでしょう。

さらに問題点が明らかになったなら、問題を解決するために知恵を絞ります。新たな問題の解決策へのアイデアが生まれると、今までの経営の延長線上から飛躍した新しい取り組みを始めることができます。

評価指標を立てるときの3つのポイント

評価指標は地図のようなものです。現在地はどこで、目的地まであとどれくらいなのかを示してくれます。評価指標を立てるときのポイントは次の３つです。

①目的に適合したものであること
②コントロールできるものであること
③シンプルであること

「①目的に適合したものであること」とはビジョンに書かれた目的に沿った指標であるということです。

例えば「新製品を開発する」というビジョンに対して売上高という指標は少し遠い気がします。確かに新製品の開発は将来の売上高につながりますが、ビジョンの目的は新しい製品を世に送り出ことです。

「②コントロールできるものであること」とは指標から次の対策とアクションを自分たちで起こすことができるという意味です。

「③シンプルであること」とは関係者にとってわかりやすく、納得感が持てる指標であるということです。現在行っていることが正しいかどうかがすぐに見て、わかるものでなければいけません。また指標の数も多過ぎないことです。指標が多すぎるとかえってわかりにくくなります。ビジョンに書かれた目的1つに対して1つか2つぐらいまでにしたほうがよいでしょう。

例としてヒロシさんのS社の評価指標をあげます。S社のビジョンは「お客さまの悩みを解消できる新製品を開発して、社員全員で誰もが「この会社でよかった」と思える会社をつくる」でした。このビジョンの目的は、1つは顧客の悩みを解消できるような新製品の開発と、もう1つは社員が「この会社でよかった」と思えることです。評価指標として新製品の開発件数や社員の仕事への満足度などが考えられます。

評価指標はどの程度進捗したのかの結果も併せて誰もが目に触れられるようにするとよいでしょう。例えば会議室に掲示したり、食堂に掲示したりします。また定期的に関係者が集まり、PDCAを意識しながらうまくいったこと、いかなかったこと、新たに出てきた問題、その対応策などについて話し合うようにします。

S社の場合、経営陣が月に1回集まって経営会議を開催し、その中で話し合うようにしています。

第5章

ビジョンを根づかせる

1. ビジョンを根づかせるためにリーダーシップを発揮する

なぜビジョンを根づかせるための努力が必要か

ビジョンをつくるには手間が掛かります。まず自分と向き合わないといけないし、会社にどんな課題があるのかも見直さなければいけません。ビジョンを社員に受け入れてもらおうとするなら社員の意見や感想にも耳を傾ける必要があります。

相当のエネルギーと時間を掛けてビジョンをつくるので、ビジョンができあがるとホッとするかもしれません。しかし大切なのはこれからです。今度は出来上がったビジョンを会社に根づかせる必要があるのです。

ビジョンが会社に根づいている状態とは、ビジョンについて社内でつねに話し合っているような状態を言います。ビジョンの実現に向けて何をすればよいのか、実現に向けて動いた結果どんな問題点が出てきたのか、その対策はどうするのか、この意思決定はビジョンに沿っているのか、そしてこれまでの取り組みの結果から新たなビジョンをつくる必要がないのかなどといったことを話し合っているような状態です。

ビジョンをつくったままで終わらせると、どんなに素晴らしいビジョンでも形骸化していきます。将来のありたい理想の姿よりも目の前の仕事をこなすことの方が優先されるからです。それにビジョンは人々にこれまでの考え方や物事の見方、行動に変化を求めます。ビジョンは成長するためにあるからです。

成長は常に新しい考え方や物事の見方、行動の仕方を身につけるという学習が伴うのです。しかし人は変化に抵抗するものです。例えば「ビジョンは賛成だけれど各論反対」という人がいます。あるいは「こんなことはできない、うまくいくはずがない」という人もいます。「よくわかりません」という人もいます。つまり行うべきことをいくら一生懸命説明しても伝わらないといったことが起こるのです。

リーダーである経営者は社員に伝わらなければ不安になります。不安になると1人でやりたくなり、自分の一存で物事を進めようとします。その結果、ビジョンは社員から離れた存在になるのです。

ビジョンを根づかせるにはリーダーシップが必要

ビジョンを会社に根づかせるためには日々の意思決定や行動の中にビジョンを反映させることが必要です。そのためには日常の業務の中で「この決定（あるいは行動）はビジョンに即しているだろうか？」と考え、お互いがビジョンについて話し合えるような組織にすることが大切です。

ビジョンを根づかせる責任は会社のリーダーである経営者にあります。つまりビジョンを根づかせることは経営者のリーダーシップの問題とも言えるのです。実は私は子どもの頃からリーダーシップを取るのが苦手です。むしろ奥のほうに引っ込んでいたいほうだし、仕事も1人で黙々とするほうが好きです。

しかし経営者はリーダーシップの問題を避けて通ることができません。そこでリーダーシップについての本を読み漁り、いろいろな人からリーダーシップについて聞きました。すべてに共通していることはリーダーシップとは他者に影響を与えようとする行為だということです。

リーダーシップとは何か

リーダーシップは誰もが取ることができます。会社であれば同僚や部下・上司に対して、プロジェクトのチームであればチームメンバーに対して、家庭であれば家族に対して影響を与えようとする行為がリーダーシップです。

影響を与えるとは、相手がこれまでとは違う視点でものごとをみたり、考え方や態度を取ることができるようになったり、あるいは行動を起こしたりできるようにすることです。

例えば経営者が手本を示して社員がついてきてくれたなら、その経営者はリーダーシップを取っていると言えます。会議で議論が行き詰まったとき、別の視点や考え方を提示することで参加者が新しい気づきや発見を得たならば、これもリーダーシップを取っていると言えるでしょう。また社員が自分たちで考え、答えを出すことができるような環境づくりも経営者としてのリーダーシップのあり方だと言えます。

言い方を変えるならリーダーシップは相手の感情に働きかける行為のことだと言えます。人は感情に働きかけられるからこそ、考え方や態度、行動を変えることができるのです。例えばスターバックスのハワード・シュルツ氏が社員のことを「パートナー」と呼び、健康保険制度やストックオプションの制度を導入したことを思い出してください。

経営者が自分と同じ目線で見てくれていると感じることができるからこそ、社員は自分らしく仕事に励むことができるのです。ビジョンを実現することに対して本気だと思わせること。ビジョンを見失わないよう日々の仕事の中で何が大切なのかを思い出させること、ビジョンに向けた行動を励ましたり、勇気づけたりすること、そして成し得た成果を評価し、できたことを共に喜ぶことなど人々の感情に働きかけ、社員と共にビジョンの実現を目指していくことがリーダーシップです。

次にリーダーとして経営者がどのようなことを行えばよいのかについて見ていきましょう。

2. 毎日ビジョンに触れるような環境をつくる

なぜ工場には標語やスローガンが多いのか

工場や建設現場では「安全✚第一」、「今日も無事故で頑張ろう」、「めざそう、みんなの力でゼロ災害」といった標語やスローガンを書いた看板やポスターをよく見かけます。反対にオフィスの入ったビルではこれらの掲示はあまり見かけません。工場や建設現場で掲示されるのには理由があります。

〔図表14　蹴込み板にビジョンを掲示する〕

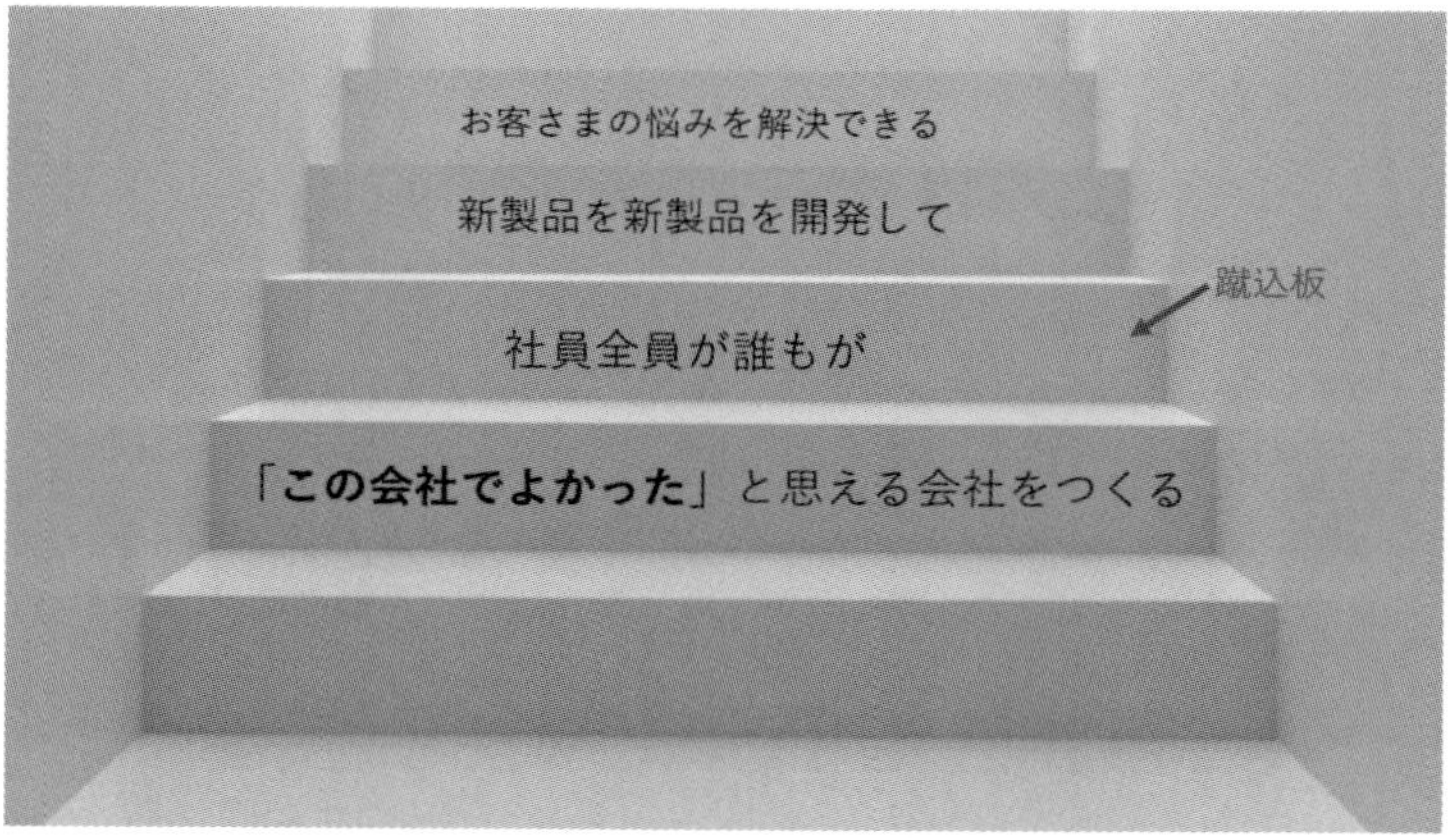
お客さまの悩みを解決できる
新製品を新製品を開発して
蹴込板
社員全員が誰もが
「この会社でよかった」と思える会社をつくる

工場や建築現場での作業で最も気をつけないといけないのは事故を起こさないようにすることです。事故は怪我や最悪の場合、死につながります。

ハインリッヒの法則といって1件の重大事故の裏には29件の軽傷事故があり、さらには事故には至らなかったもののヒヤリとしたり、ハッとしたりする事例が３００件あると言われています。

重大事故を防ぐにはこのヒヤリとしたり、ハッとしたりする段階で対処していくことが重要なのです。標語やスローガンを掲示するのも作業をする人たちの中に安全についての意識づけを毎日行い、ヒヤリとしたり、ハッとしたりする段階で対処できるようにするためです。

ビジョンについても同じことが言えます。ビジョンを根づかせるためには毎日ビジョンに触れる機会をつくり、意識づけを行うことです。毎日ビジョンに触れていれば否が応でもビジョンについて考えるようになります。

またビジョンの実現はマネージャーが戦略や計画を立てて実行を指示すれば終わりなのではなく、１人ひとりの社員が実現させることへの熱意を持つことが重要です。ビジョンを実現させようという熱意を持てば持つほど実現する可能性は高くなるからです。そのような意味でも毎日ビジョンと触れ合うことが大切なのです。

工場や建設現場と同じようにビジョンをポスターにして社内の目につくところに掲示しましょう。カードにしたり社員手帳に記載したりするのもよいでしょう。駅やビルの階段広告のように蹴込板のところにビジョンを貼るのもよいと思います（図表14）。

ビジョンを唱和する習慣をつける

但し掲示されたものは貼られた直後は注目されますが、時間が経つにつれて社内の見慣れた景色になってしまいます。そうなると立ち止まって読もうとする人も少なくなります。

カードや社員手帳も自分から見ようとしない限り鞄の中や引き出しの奥に仕舞われたままです。掲示物やカード、社員手帳を自分から見るような仕組みも併せて必要です。例えば朝礼や終礼、会議などでビジョンを唱和する習慣をつくることをおすすめします。

ビジョンについて話をする機会を設ける

折に触れてビジョンについて話をする機会をつくりましょう。会議を始める前に、参加者にひと言ずつビジョンに向けてどんなことを行っているのかを話してもらいます。小さな出来事でも構いません。社員がビジョンに貢献していることを思い出させ、そのことをみんなで喜び合いましょう。

リーダーが実行しているエピソードは社員にとって参考になるので積極的にシェアします。ビジョンの重要性について根気よく伝えていくことが大切です。

3. できたことを評価する

報酬や評価を得られる仕組みをつくる

第2章では、人が仕事を通して受け取る報酬として内的報酬と外的報酬があることを述べました。ビジョンの実現は内的報酬を高めることにつながります。やりがいや達成感、成長することへの喜びが生まれ、人間関係から得られる満足感も得られます。

一方、人には外的報酬も大切です。外的報酬には賃金や昇進などがありますが、これらの報酬をきっかけにモチベーションが高まることもあります。ビジョンを実現させようとする際も外的報酬を得られるような仕組みをつくりましょう。例えば賞与の支給や昇給を行う際の評価項目の中にビジョンへの貢献度や取り組む姿勢への評価を入れます。

報奨金制度を設けるのもよいと思います。テーマと実施期間を設けて最も優れたチームや個人、あるいは達成したチームや個人に報奨金を支給します。達成基準は、例えば「○○についてのアイデアを一番多く出したチーム」などシンプルなものがよいでしょう。金額はあまり多くなくても構いません。他の社員の前で表彰するなど、できたことを社員の前で褒め称えるようにします。

4．ゴールから遡って中間目標を立てる

ゴールに辿り着けそうな中間目標を設定する

ビジョンを実現するプロセスは山を登ることに例えることができます。ありたい理想の姿が山頂で現在いる地点が山の麓です。しかし山頂があまりに高いと本当に登れるのだろうかと不安を持つ人がいます。

不安を持って当然です。いままで登ったことのない山を登ろうとしているのですから。しかし社員にその不安を見せることはできません。経営者は先頭を切ってゴールを目指さないといけないのです。不安があるなどおくびにも出してはいけません。経営者はつらいものなのです。

このようなときゴールから現地点まで遡って中間目標を設定してみることをすすめます。現状からゴールまでのロードマップを描き、これなら登れそうだと目に見える形にするのです（図表15）。

ロードマップを描く意義はもう１つあります。ロードマップを社員と共有することで、実現に向

〔図表15　ゴールの前に中間目標の達成を積み重ねる〕

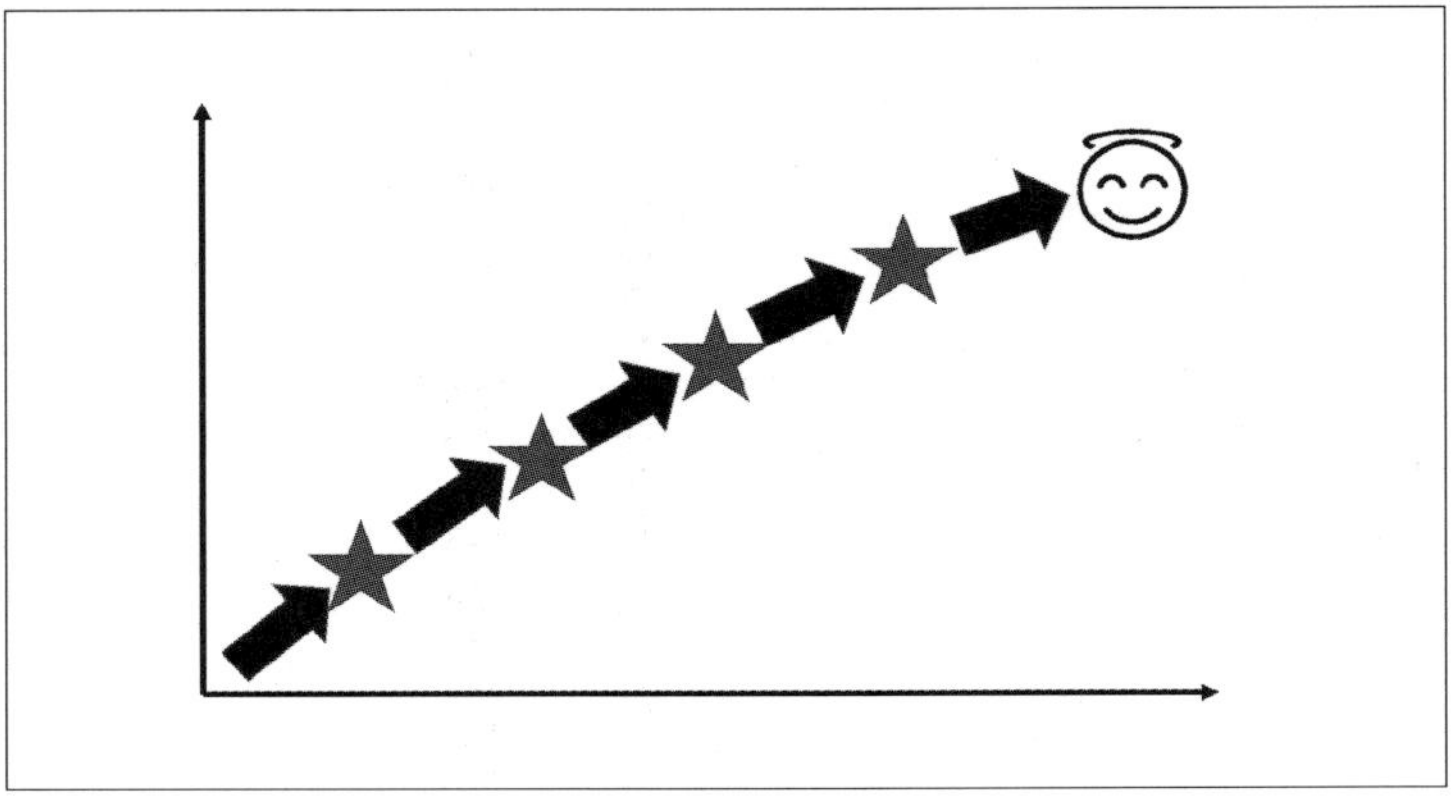

〔図表16　障害をリスト化し、中間目標を考える〕

NO.	障害	成果物/中間目標	手段・行動
#1	○○についての明確な手順がない	合意された手順書がある	関係責任者が集まって手順書を作成する
#2	進捗を管理する仕組みがない	進捗が毎日把握できている	新しいシステムを導入する
#3	明確な承諾基準がない	主要な関係者が承諾した基準について記録した文章ができている	担当を決め議事録を作成する
…			

〔図表17　中間目標を分類し、取り組む順番を決める〕

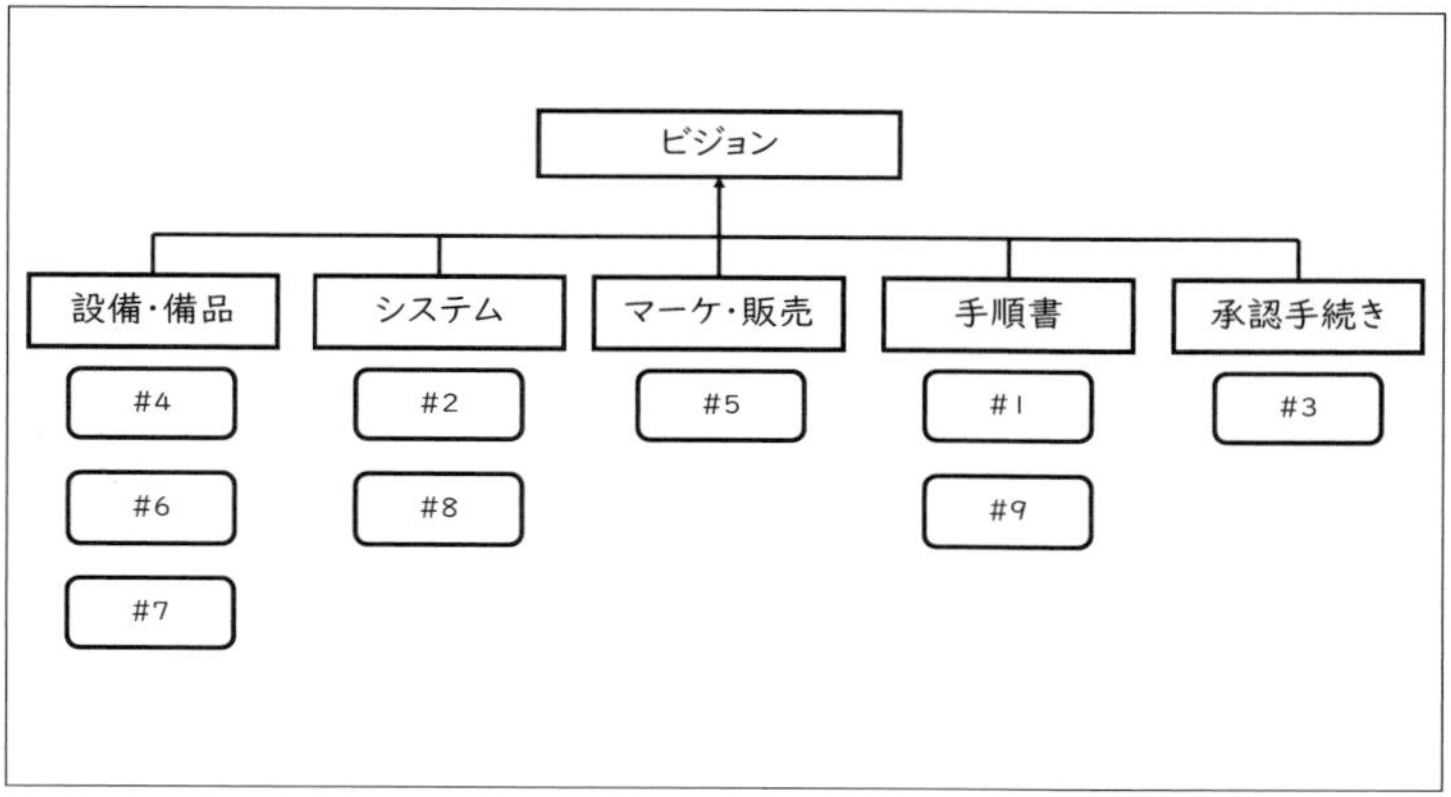

けて一緒に歩んでいるのだという感覚を持つことができます。社員のモチベーションも上がります。

中間目標の設定のしかた

ロードマップを描くには、それぞれの中間目標から現在すべきことを考えていきます。手順は次の通りです。

① ゴールに向かうまでにどのような障害があるのかを考えて、リストにする（図表16）。

② 障害を乗り越えたらどのような成果が起こるのかを考える。これが中間目標。中間目標を立てる際は、「この目標を達成する目的は何か？」「どのような成果があるのか？」「成功基準は何か？」を明確にする。

③ 中間目標を達成するためにどのような行動を起こしたらよいのかを考える。

④ 中間目標をグループ化し、取り組むべき順番を決める。中間目標をグループ化するのは課題を整理して実行に移しやすくするためです（図表17）。

5．現在地点を整理する

行ってきた考え方や物事の見方などを整理する

ビジョンを実現させようと強い熱意をもってもうまくいかないことがあります。なぜならこの章の最初でも述べたように、ビジョンは会社の成長のためにあり、新しい考え方や物事の見方、行動の仕方を身に付けるという学習が伴うからです。

例えば顧客から図面を受け取り、その図面通りにものづくりを行っている会社があるとします。もしこの会社が「自社独自の製品を開発して下請けからメーカーに転身する」というビジョンをつくったら、今までの考え方や物事の見方、行動の仕方をかなり変えなくてはいけなくなるでしょう。言われた通りのものをいかに形にするのかというノウハウはあっても、製品を一から開発して市場に出すためのノウハウはないからです。

今までであれば、①顧客と打合せをして要望を聞き取り、②図面を受け取って社内に持ち帰り、③図面を基につくり方を考え、④顧客に見積もりを提出して承認を得るというプロセスを踏んで仕事をします。この場合、顧客から要望を聞き取るノウハウ、自社の設備を生かしてつくり方を考えるためのノウハウなどが必要です。

一方、一から製品を開発しようとすると、①どのような製品を開発するのかについてのアイデアを出し、②出したアイデアをふるいにかけ、③ふるいにかけたアイデアから顧客に受け入れてもらえるようなコンセプトをつくり、④採算性を分析して、⑤実際に製品を設計して製造を行い、⑥できた製品が市場に受け入れられるのかどうかのテストを行うというプロセスを踏まなければいけません。

ノウハウもアイデア出しをどのように行うのか、コンセプトづくりはどうするのか、コンセプトから製品を設計して製品にするためにはどうするのか、市場でのテストはどのように行うのかなどが必要です。今までの自社のノウハウのどこが生かせて、どこは生かせないのか、必要な新しいノウハウは何なのかを知っておかないとうまくいきません。野心的なビジョンであればあるほど自分たちの行ってきたことが何なのかについて知ることが重要です。どこかに行きたいのなら、まず自分がどこにいるのかを知らなければいけないのです。自分がどこにいるのかがわからなければ、途中で迷子になってしまうでしょう。迷子になればビジョンは頓挫してしまいます。これ以上前には進めないという雰囲気が社内に流れ、ビジョンへの関心も薄れて今まで時間をかけて行ってきたことへの努力は無駄になるでしょう。

ビジョンを実現させたいのなら、計画を立てて実行に移す前にまず自分たちの行ってきたことについての考え方や物事の見方について整理しておきましょう。

次の質問が整理する際の手助けになります。

・今までの仕事の流れ（プロセス）を教えてください。
・仕事を行う上でどんなノウハウがありますか？
・ビジョンを実現させるために、今までのノウハウの中で生かせるものは何ですか？
・それはどうしてですか？
・新たに獲得しないといけないノウハウは何ですか？
・そのノウハウはいつまでに、どのようにして身に付けますか？

6．目の前の問題を学びに変えていく

目標の実現が困難な理由ばかりあげる人がいたら

ビジョンの実現に向けて計画を立てて実行に移したとき、このままでは目標の実現は難しいと思うときがあります。このとき困難な理由ばかりあげている人と「どうすれば達成できるのか」を考える人とでは大きな違いがあります。

困難な理由ばかりあげる人は「忙しくて時間がない」、「予算が少なすぎる」、「人手が足りない」などといった理由をあげます。しかし理由をあげるだけで、そこから前に進もうとはしません。そしてビジョンへの熱意も失われていきます。

反対にどうすれば達成できるのかを考える人は知恵を絞り、解決策を見つけて少しでも前に進も

うとします。

困難な理由ばかりをあげる人がいるのなら、もう一度ビジョンの意味について話し合うことをおすすめします。第2章のマズローの項で述べたようにビジョンは自己実現のためにあるということを思い出してください。ビジョンの意味を思い出すことができれば再び熱意も湧き起こってきます。

目標の達成が困難な理由

目標の達成が困難な理由は大きく分けて2つあります。1つは目標の達成に十分な時間をかけることができないという理由と、もう1つは達成のための方法が不十分だという理由です（図表18）。

十分な時間をかけることができないという理由には、1つには複数の仕事を抱えているということがあります。一度に複数の仕事を抱えていると何が一番大切かといった優先順位がわからなくなります。もう1つは必要な情報や協力を得られなかった、部下の進捗状況を確認することができず放ったらかしになっていたといった社内のコミュニケーションの問題があります。

方法が不十分だという理由には他の方法が見い出せなかったといったことや、方法を変えないといけないことには気づいていたけれど変えるタイミングを逃した、あるいは予想もしなかった新しい課題が出たといったことがあります。

どのような理由にしても目の前の問題を分析して、目標を達成するための学びに変えることが重要です。問題を分析するツールにはなぜなぜ分析やミステリー分析があります。

〔図表18　目標の達成が困難な理由〕

- 十分な時間をかけることができなかった
  - マルチタスク（複数の仕事を抱えている）
  - 内部のコミュニケーションの問題
- 方法が不十分
  - 他の方法が見い出せなかった
  - 方法を変えるタイミングを逃した
  - 新しい課題が出てきた

〔図表19　なぜなぜ分析〕

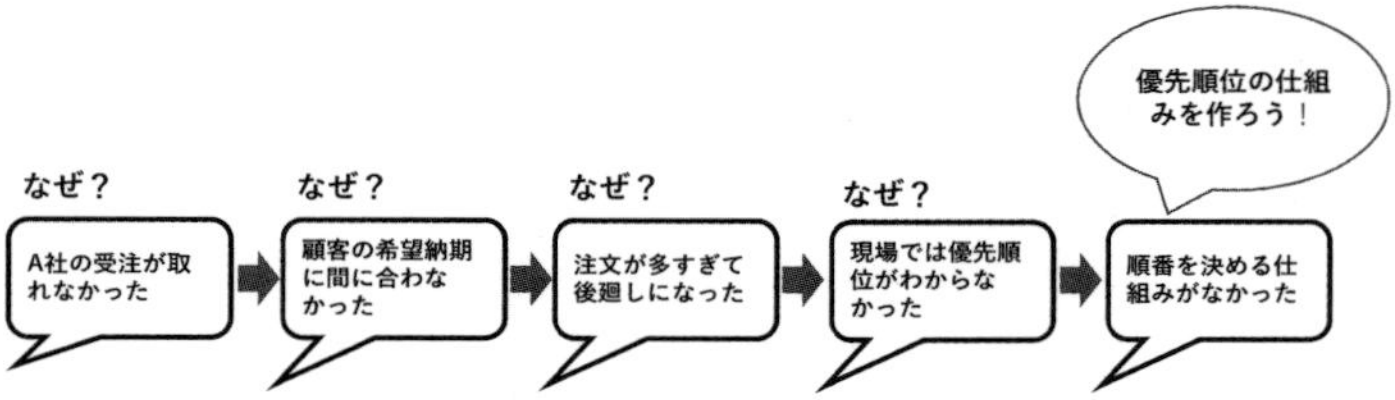

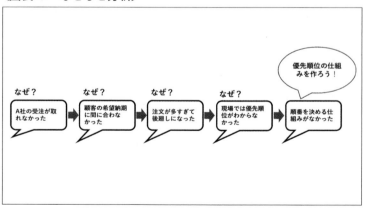

なぜなぜ分析

なぜなぜ分析とは問題が起きた事象に対して「なぜ？」という問いかけを行い、さらにその原因となった事象に「なぜ？」を繰り返すことで根本的な原因を突き止めて再発防止策や改善策を行えるようにするためのものです。

例えば、目標の売上数字が未達成になった理由がA社からの受注が取れなかったためだとします。そしてA社の受注が取れなかったことについての「なぜ？」を行います。A社の受注が取れなかったのは「顧客の希望納期に間に合わなかったから」だとすると、そこからまた「なぜ？」を繰り返します。

顧客の希望納期に間に合わなかったのは「製造の現場では注文が多すぎて、A社の注文への対応が後回しになってしまいA社の要望に応えることができなかったから」、後回しになったのは「製造の現場では作業の優先順位がわからなかったから」、作業の優先順位がわからなかったのは「優先順位を決める仕組みがなかったから」と「なぜ？」を繰り返すことで根本的な原因を突き止めるのです（図表19）。

ここでいう根本的な原因とは効果のある再発防止策や改善策が出るような原因という意味です。この例では営業の担当者も入って製造の中で優先順位を決める仕組みを決めていきました。

なぜなぜ分析を行うときのポイントは次の①～④の通りです。

①問題の事象を具体的に書く

問題の事象があいまいだと「なぜ?」という問いかけをしたときに他の人やモノ、コトへの責任にしがちになります。例えば「なぜ計画が遅れた?」という問いかけを行うと「業務が立て込んでいて時間が取れなかった」と時間のせいにしたり、「担当者が必要な情報をくれなかった」と他の人のせいにしたりします。

責任が自分から離れてしまうので、そこで思考が止まってしまい、効果的な再発防止策や解決策が出なくなります。

この場合、「計画が遅れた」ではなく、「計画では2か月だったのに4か月かかった」と具体的に書きます。その上で「なぜ(予定より2か月オーバーしてしまった要因は何なのか)?」と聞きましょう。

②個人の問題にしない

例えば「担当のCさんがうっかりしていたから」という原因が出てくと「今後気をつける」といった解決策になり、原因が個人に帰属してしまいます。このような解決の仕方を行うと別の形でおなじような問題が起こる可能性があります。個人の問題にせず、「何がそうさせているのか」という組織の問題にすることが大切です。

③因果関係を意識しながら分析すること

例えば「なぜ火事になったのか?」という問いに対して「煙が出ていたから」という答えでは原

因追及になっていません。「なぜ煙が出ていたのか？」という問いを行うと「火事だったから」という答えが出てくるからです。

分析を行う際は原因と結果の因果関係を意識しながら行ってください。

④「なぜ？」の答えに複数の要素をまとめない

例えば「なぜ計画では2か月だったのに4か月かかったのか？」という問いに対して「設計で2か月かかり、試作で2か月かかったから」という答え方をする人がいます。この場合、なぜ設計で2か月かかったのかという要因となぜ試作で2か月かかったのかという要因の2つが含まれています。

答えは「設計で2か月かかったから」と「試作で2か月かかったから」の2つに分けてください。分けることで、設計と試作のそれぞれの2つの原因を探ることができます。

「なぜ？」の質問は再発防止策や改善策が出るまで行います。再発防止策や改善策が出たら実行してみてうまくいくかどうかを確かめます。

ミステリー分析

問題を分析するもう1つのツールとしてミステリー分析があります。これはTOCの思考プロセスを使ってゴールドラット・ジャパンの岸良裕司氏が名づけた手法です。ミステリー分析は行動に伴う因果関係を分析してなぜうまくいかなかったのかを考えるためのものです。例をあげながら説明しましょう。

この会社の課題は新しい顧客を増やすことでした。新しい顧客を増やすためには顧客の満足度を高めることが重要です。そこで営業の担当者は顧客の待てる期間よりも短い期間で商品を納めて顧客の満足度を高めようとしました。

顧客の希望する商品を短い期間で納めようとすると前もって在庫として保管しておく必要がありました。営業の担当者は顧客が希望するだろう商品を50品目選び、在庫を管理する資材の担当者にこのことを要望したのです。ここまでの流れをミステリー分析の図で示すと図表20の通りです。

真ん中の「取った行動」というボックスの中には営業の担当者が取った行動が入ります。営業の担当者が取った行動は「50品目の商品を在庫として持つことを選定した」ことです。

この行動を取った目的を下のボックスに書きます。この行動の目的は「新規顧客の期待を満たさなければいけない」ことです。そして営業の担当者が50品目の在庫を選定したのは「顧客に商品が届くまでの期間である供給リードタイムよりも短い時間にすることができるかどうか」を在庫基準として考えているからです。これを「営業担当者の想定」と書かれたボックスに入れます。

さらに営業の担当者が50品目の商品を選定したことで期待している効果を書き入れます。「顧客の満足度を高めて、新しい顧客を増やす」ことです。これで営業の担当者が当初描いていた目標を表した図が完成です。この図は下から読んでいきます。楕円形の印は「かつ（and）」を意味します。

〔図表20　当初の目標〕

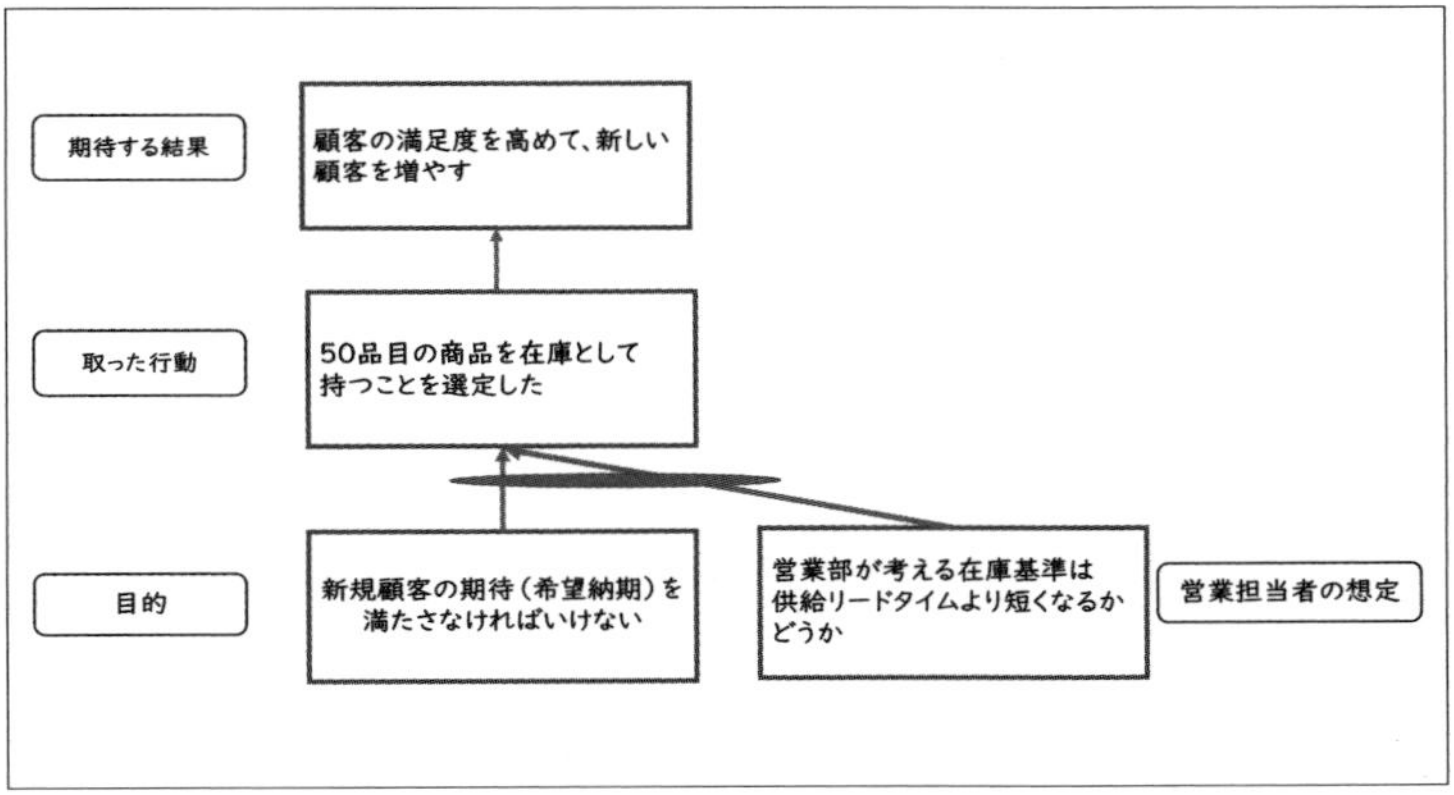

〔図表21　実際に起きたこと〕

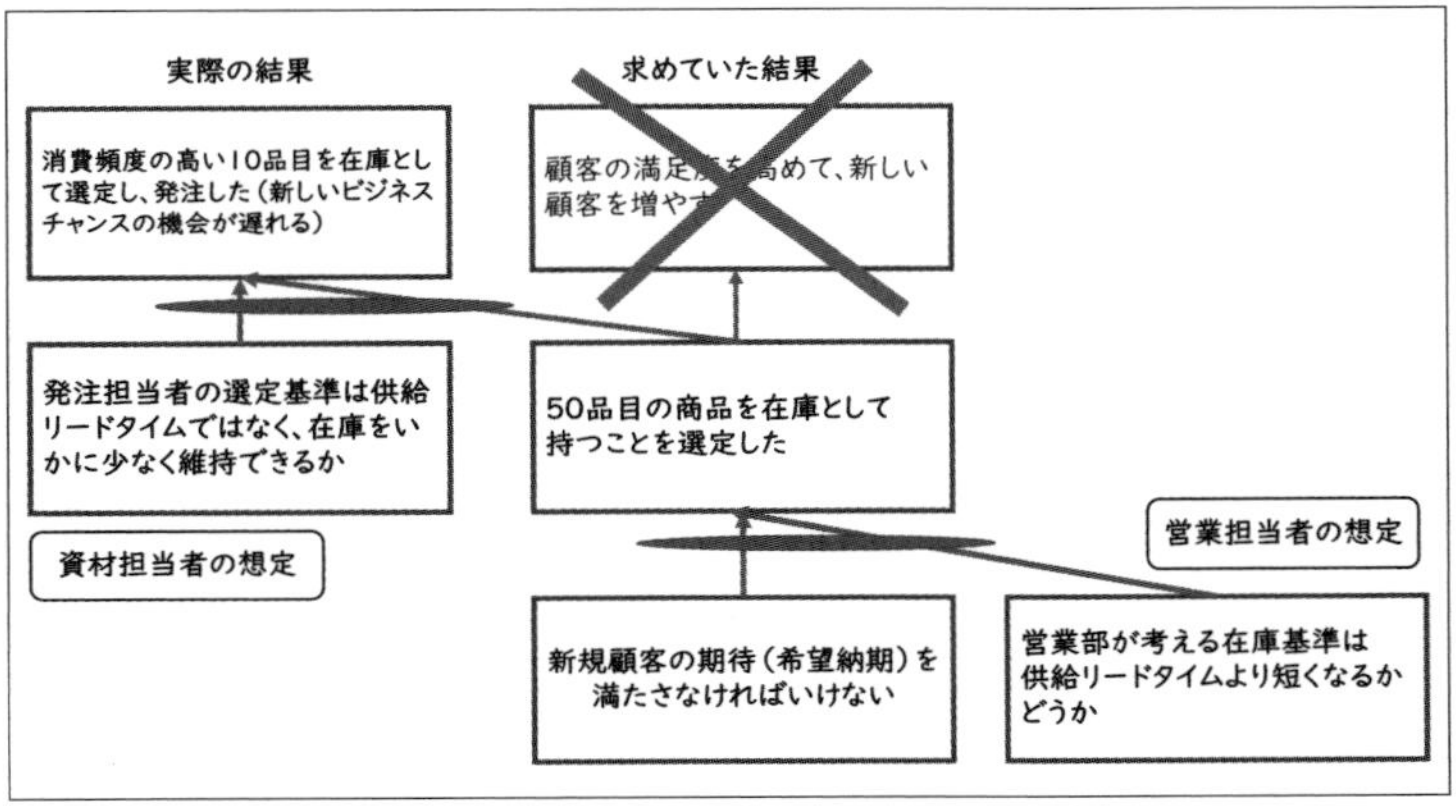

「営業の担当者は新規顧客の期待を満たさなければいけない、かつ営業の担当者が考える在庫基準は供給リードタイムより短くなるかどうかである。そうであるならば、50品目の商品を在庫として選定する。50品目の商品を在庫として選定するならば、顧客の満足度を高めて新しい顧客を増やす」

しかし実際にはこの目標は達成できませんでした。なぜなら商品の発注と在庫を管理する責任と権限は資材の担当者が持っていたからです。資材の担当者にとって重要なことは「いかに在庫を少なく維持できるか」です。なぜなら在庫を最小限に維持できれば一度に支払うお金を少なくすることができ、そのことが評価されるからです。

そのため営業の担当者から依頼を受けたものの、実際に在庫として持ったのは50品目のうちわずか10品目のみでした。この10品目を在庫として持ったのは消費頻度が高い商品だったので在庫として持っても構わないという判断からです。結果として営業の担当者は当初の目論見は果たせず、思ったほど新しい顧客を獲得することができませんでした。このことを図式化すると、図表21（157頁）のようになります。

図表21の左上のボックスには実際の結果を書きます。資材の担当者は「消費頻度の高い10品目を在庫として選定し、発注」しました。そしてこれは新しい顧客の獲得（新しいビジネスチャンスの機会）が遅れることを意味します。

左下のボックス「資材担当者の想定」には資材の担当者が10品目の在庫を選定したときの考えが

〔図表22　なぜなぜ分析で行ってみると〕

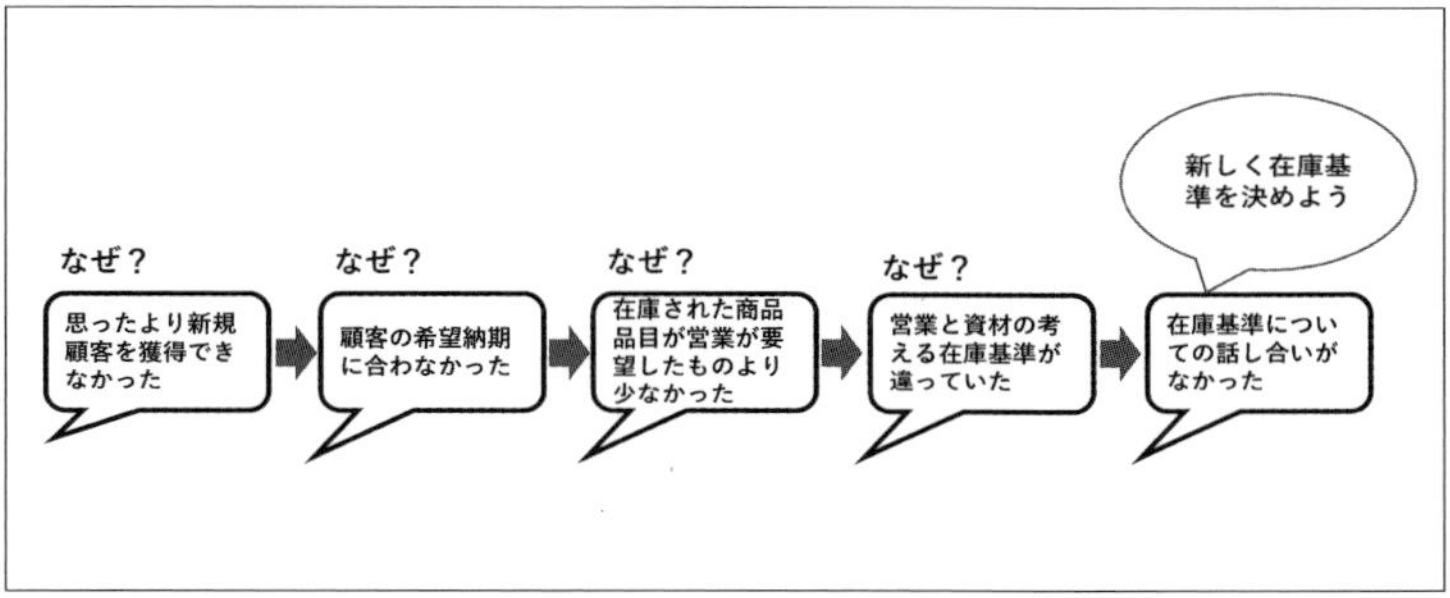

書かれています。「発注担当者の選定基準は供給リードタイムではなく、在庫をいかに少なく維持できるか」です。

このように当初計画していたことと実際に起こったことを目に見える形にすることで、なぜうまくいかなかったのかを理解することができます。この事例の場合、営業の担当者の考える在庫の選定基準と資材の担当者の考える在庫基準が明らかに違っていることがわかります。

ビジョンの実現に向けて計画を立て、実行に移そうとするとき社内のそれぞれの担当者の考え方や発想の違いから当初の計画通りにいかないことがよくあります。大切なのは考え方や発想の違いに気づくことです。ちなみにこの事例をなぜなぜ分析で行うと、図表22のようになります。

なぜなぜ分析やミステリー分析は目の前の問題を視覚化することで、考え方や発想の違いに気づき、何をすればよいのかを教えてくれます。これらのツールを使って何が目標の達成を困難にしているのかを学ぶことでビジョンへの実現に近づくことができます。

7. 経営に大きな影響を与えるような出来事が起きたとき

せっかくビジョンをつくって実現に向けて動き出しても、経営に大きな影響を与えるような予期できない出来事が起きることがあります。典型的なのが取引先の倒産や不況です。他にも国同士の争いや地震や台風、豪雨などの自然災害、最近で言えば新型コロナウイルス感染のような疾病の流行があります。これらの出来事が経営に大きな影響を与えるとビジョンの実行どころではなくなります。第2章であげたマズローの5段階欲求の生理的欲求や安全欲求の段階に会社が陥らないように気をつけなければいけません。これらの段階になるといかに赤字から脱するのか、いかに生き延びるのかを考えなければいけないからです。早め早めに打てる手を打つことが大切です。

経営に大きな影響を与えるような出来事が起きた場合、ビジョンについても見直しましょう。ビジョンをつくるプロセスの5つのステップの③（79頁）に戻り、改めてどのような課題があるのかを調べるのです。その上で新しいビジョンをつくります。このとき社員と一緒に「こんな会社でありたい」という理想の姿についても確認し合うことをおすすめします。

その上で「みんなが賛同してくれるなら、我が社の将来のありたい姿はやっぱり○○だよね。今はこんな状況なので新しいビジョンに変えるけれど目指す方向は一緒だよ」と言いましょう。このようなことを行うことでビジョンへのモチベーションは保たれます。

第6章

対話の習慣を身に付ける

1．ビジョンの実現に対話はなぜ必要か

ビジョンの実現になぜ人々は抵抗するのか

人は成長するにつれて変わります。学校に入り、家族以外の人たちと接することで変わります。会社に就職し、仕事の経験を積むことで変わります。パートナーを見つけ、共に生きることで変わります。子どもを持ち、親になることで変わります。人生の中でいろいろな出来事に出会い、経験することで考え方や感じ方、価値観や行動は変化します。

歳を取れば成長は止まると言う人もいますが、私はそうは思いません。学生時代、1人暮らしの高齢者宅にボランティアとして通っていたことがあります。彼女は歳を取ってから失明したので点字もうまく読めないし、白杖を持っても真っすぐに歩けないので家に閉じこもりがちでした。それでも周りからの支えで少しずつですが、点字を読み、白杖を持って外に出ることができました。

香川県の西香川病院には認知症の人が認知症の人の悩みを聞く相談室があるそうです。実は認知症になったことに最初に気づくのは周囲の家族ではなく本人です。自分がこれまでの自分とは何か違うことに気づくのです。物忘れや失敗が増え、不安を感じるようになります。これまでできたことができなくなるので抑うつになったり、混乱して怒りっぽくなったりします。そのようなとき、先に認知症になった人に相談に乗ってもらうことが相談室の役割です。先に認知症になった人の話

を聞くことで不安と向き合い、これからの生き方を考えることができます。人は歳を取っても成長できます。身体の機能は衰えていきますが、工夫をすることで考え方や感じ方、行動を変えることができるのです。

ビジョンも成長するためのものです。生きることと同様、これまでの考え方や行動に変化を求めます。しかし会社でいざビジョンを実行しようとするとこれまでの考え方や行動を変えることに人は抵抗します。ビジョンを実行することと生きることは同じなのになぜ変わることに抵抗するのでしょうか?

①メリットを十分感じられないから

変化に抵抗するのは変わることのメリットを十分感じられないからです。

例えば資格を取るために汗水流して勉強するのは新しいスキルが身につくことの喜びを感じたり、資格を取ることで新しい仕事を始めたりすることができるからです。自分の未来への期待を感じることができればできるほど変わることに対して抵抗は感じません。

②変わることのリスクが大きいから

変わることのリスクが大きいと人は変化に抵抗します。時間が掛かったり、大変だと感じたりあるいは変わることで失うものが大きければ変わろうとはしません。これらのことが障害となり、変わることができないのです。

③今のままでいることのほうが快適だから

今のままでいることのほうが快適なら、自分から変わろうとは思いません。ゆでガエルの話で知られるように、少しずつ環境が変化しているのに気づくことなく「うちはこのやり方でうまくいったから」と過去のやり方にしがみつくのがこの例に当たります。周りの環境が変わっても「うちはだいじょうぶ」と思い、目の前の脅威を過少評価してしまうのです。

何に抵抗しているのかを知るためには対話が重要

変化への抵抗の表し方も人それぞれです。「総論賛成、各論反対」という人もいれば、「こんなのはできません」という人もいます。表面では社長に従っているようでも内心では反対する人もいます。「よくわかりません」という人もいます。黙ったまま何もしない人もいます。

ビジョンについていくら一生懸命に説明してもうまく伝わりません。ビジョンを根づかせ、実現に向けて動くには社員1人ひとりがビジョンについて何に引っかかるのか、何を心配しているのかについて経営者は知る必要があるのです。

社員が何を考え、何を感じているのかを知るためには対話を行うことが重要になります。

対話とは何か

ここでいう対話とは、相手の言わんとしているところの意味を聴き、その意味を自分の中に取り入れることをいいます。ビジョンの実現に向けた行動を求めて動いてくれないとき、「なぜ言うことを聞いてくれないのだ」と問い詰めたり、説得したりしても相手には通じません。

対話は後述するように会話や議論とは違います。どのように思っているのかを聴き、なぜそのように思うのかを話を聴きながら考えることが対話です。

対話は相手の言うことを鵜呑みにすることではない

聴くといっても相手の言うことを鵜呑みにするわけではありません。決定するのは会社の最終責任者である経営者だからです。

「これはおかしいのではないか」と疑問に感じたことはちゃんと相手に伝えることも大切にします。

対話は自分の思っていることに疑問符をつけること

同時に自分の思っていることにも疑問符をつけるのが対話です。「もしかしたら相手の言っていることのほうが正しいのではないか」、「自分の思っていることのほうがおかしいのではないか」という前提で話を聴くとき、感じ方や考え方も自分とは違う他者の存在を知ることになります。

「こんなふうに感じているのか」、「こんな考え方もあるんだ」と気づくことができたとき、これまでとは違う視点や考え方が生まれ、何をすべきなのかも見えてきます。

ビジョンつくり、会社に根づかせるためには対話は重要

自分の思っていることに疑問符をつけ、目の前の相手を知ることはビジョンをつくる上でもビジョンを会社に根づかせる上でも重要です。ビジョンは経営者の価値観と向かい合うところから始めます。

しかしこれは経営者の価値観であって、社員のそれとは違います。経営者1人でビジョンをつくり、「この方向でやってね」と社員に提示することは、ある意味自分の価値観を理解し、受け入れてほしいと言っていることと同じです。

受け入れてくれる人はよいのですが、受け入れてくれない人に対してはどうするのか？　合う人とは合う、合わない人とは合わないと割り切ることもできます。実際、そのような考え方を行ってビジョンをつくる経営者もいます。

しかしビジョンとはそもそも社員と一緒につくるものです。社長1人ではビジョンを実現することはできないからです。またビジョンの実現に向けて社員が毎日ビジョンに触れるような環境をつくったり、できたことを評価したり、中間目標を設けたり、現在地点を整理したり、なぜなぜ分析やミステリー分析などを使って目の前の問題を学びに変えたりするのも社員がビジョンについてつねに話し合うようにするためです。決してやることを明らかにして、指示するためではありません。

ビジョンについて話し合い、どうすれば実現できるのかを一緒に考えること、そのために対話を行うことが重要になるのです。

対話と会話、議論との違い

対話とよく似た言葉に会話や議論という言葉があります。対話と会話、議論との違いは何でしょうか？

会話は話の内容、対話は相手そのものに関心がある

会話とは２人もしくは何人かで話をしたり、話を聞いたりすることです。情報のやりとりをしたり、たわいもない話をして楽しんだりします。会話の中で焦点になるのはどちらかと言えば話の中に出てくるモノやコト、情報についてです。例えばA「○○にあるパフェ知ってる？」、B「うんうん、知ってる、あそこのパフェ最高だよね」という会話では話の焦点はパフェにあります。これに対して対話は相手が伝えたいと思う感じ方や考え方に焦点が当たります。関心事は話の中身ではなく、相手そのものなのです。

私が精神医療の世界に入りたての頃、ヤスパースの「精神病理学言論」という本で「了解」という言葉を習いました。簡単に言えば「彼が○○と言ったり、××という行為を取ったりするのは、彼のどのような心の動きから来ているのだろうか？」と理解しようとする行為のことです。対話は相手を理解するためにあります。もちろん他者の心を理解するには限界がありますが、それでも対話を通して常に相手に関心を寄せ続けることが大切です。

議論は勝ち負けの世界、対話は勝ち負けのない世界

議論とは何らかの結論を出すために行われるものです。例えば顧客からクレームが来て、対策を決めないといけないときに議論します。クレームの原因を特定して問題を解消するための正解を出さなければいけないからです。

議論のことを英語でディスカッションと言いますが、「ダイアローグ」の著者デヴィッド・ボーム氏によるとディスカッションには物事を壊すという意味があるそうです。そのため議論は結論を出すために相手を論破する（よく言えば納得させる）ことに意味があり、勝ち負けの世界だと言えます。

勝ち負けの基準は「どちらがより正しいか」、「どちらがより論理的か」です。「議論を行って相手も結論に同意しているのだから、勝ち負けの世界だと言えないのではないか？」と言う人もいますが、心から本当に納得しているのかどうかは相手にしかわかりません。得心がいっている人もいれば、そうでない人もいます。渋々同意している人からすればやはり勝ち負けの世界です。

特に会社の方向性や方針を決めるとき、すべてを議論で済まそうとすると弊害が出ます。反論できなかったり、本音を話せなかったりする人がいると、そこに相手とのずれが生じるからです。ずれはどこかで表面化します。

例えばビジョンの実現に向けて動こうとしても動かない人がいたり、うまくいかなかったと

きに「最初から無理だと思っていたよ」と批判気味に言って、こちらをげんなりさせたりします。
対話には勝ち負けはありません。対話の焦点が話をしている相手だからです。相手を理解しようとすることが前提なので、そこに勝ち負けが生じる余地はありません。両者が共に手を携えて同じ方向に向かおうとするときには対話が有効となるのです。

2. 対話を行うことに慣れる

対話には練習が必要

ビジョンをつくり、会社に根づかせるためには対話が重要であることを述べましたが、対話は誰もがすぐにできるわけではありません。私も経営者ですが、最初から対話ができたわけではありませんでした。人とのコミュニケーションが苦手で自分の考えをうまく言葉にすることができなかったからです。対話ができるようになるには対話について学び、練習することが必要でした。

特に経営者は対話をすることを忘れがちだと思います。なぜなら経営者は成果を出さないといけないからです。成果を出すことに囚われるあまり、対話を行うことを忘れてしまうのです。忘れないためにも普段からの練習が必要です。

経営者の対話を妨げる4つの要因

対話の練習をする上で経営者が心に留めて置いたほうがよいことがあります。それは対話を妨げる4つの要因についてです。1つは経営者が対話をしにくい環境にいること、2つめが会社という構造が対話を妨げること、3つめは日本人の持つ相手に同調しようとする傾向、そして最後に違う考え方や価値観と出会ったときの居心地の悪さです。その結果、声の大きい人のほうの意見が通り、十分に意見を出せなかった人が取り残されることになります。

①経営者は対話をしにくい環境にいる

経営者は対話をしにくい環境にいます。なぜなら役職が対話を妨げるからです。対話は相手を理解しようとすることなので上下の区分けはないはずですが、経営者にとって社員は全員部下に当たります。また会社の最終責任者は社長である経営者なので、どうしても自分が会社を背負っているという感覚になります。そのため社員と対話を試みようとしても「自分のほうが立場が上」という感覚を無意識に持ちがちになるのです。一方、社員のほうでも「相手のほうが立場が上」という感覚で経営者と話をするので、本音がなかなか出てきません。

私も最初の頃は社員の話を聞いてもすぐに相手の話を遮ってアドバイスしたり、指示を出したりしていました。本人は対話をしているつもりでも上から目線だったのです。これでは対話は成立しません。このようなことは対話をした後に振り返ってみないと気づかないものです。

対話を行うときは相手を理解するために常に対等の立場であると言い聞かせる必要があります。

②会社という構造が対話を妨げる

会社という構造そのものが対話を妨げます。会社は利益を追求する組織です。常に結果を求められるので社内ではいかに合理的な決定を下すのか、いかに効率的な仕事を行うのかについて話し合われます。何が合理的で、何が効率的なのかを決めるためには議論が有効です。結果を出すために会社では議論ばかりが行われ、対話を行う出番がないのです。

その結果、声の大きい人の方の意見が通り、十分に意見を出せなかった人が取り残されることになります。

③日本人の持つ相手に同調しようとする傾向

日本人であることも対話が苦手な理由の１つです。人と人との物理的な距離が近いこともあって相手のことを慮り、本音を言わない傾向があるからです。また同調圧力が強い国民性もあるのでなかなか本音が出しづらいこともあります。

④違う考え方や価値観と出会ったときの居心地の悪さ

対話は相手を知ることです。相手を知るとは自分とは異なる考え方や価値観に出会うことを意味します。人は自分とは異なる考え方や価値観に出会うとたじろいでしまいます。自分にはないもの見るので自分の欠点や短所に気づいたり、理解できないことからくる居心地の悪さを感じたりするからです。そのため相手と摩擦や対立を引き起こしたり、相手のことから目を逸らして対話することを避けたりしようとします。

対話を妨げる要因がこんなにあるのなら、やはり議論のほうがよいではないかと思ってしまいそうです。しかし会社に起こる出来事には議論で解決できないことが多くあります。

議論では解決できないこと

「最難関のリーダーシップ」の著者で知られるロナルド・A・ハイフェッツ氏は、すでに解決策がわかっており、既存の知識や経験で解決できるような問題を「技術的問題」、既存の知識や経験だけでは前に進まず対処できないような、複雑で困難な問題を「適応課題」と呼んでいます。例えば機械が故障したり、システムに不具合が起こったりした場合は技術的問題です。既存の知識や経験を使って直せば、問題は解決するからです。商品に不良が発生したときの対応も技術的問題です。既存の知識や経験を使って原因を分析し、二度と起こらないよう対策を取ればよいからです。もし知らなければ専門家の知識を頼ることも可能です。

技術的問題は原因を調べて対策と計画を立て（P）、計画を実行に移し（D）、結果を評価して（C）、うまくいかなければさらに改善する（A）といったPDCAサイクルを回して解決します。PDCAサイクルを回すには「何が一番正しいのか」、「何が一番合理的なのか」を考えればよいので議論を行うことが有効です。

一方の適応課題の例としては上司と部下とのコミュニケーションの問題があります。以前受けた相談の中に上司への苦手意識を持ってしまい、仕事中に何度もミスをしてしまうというものがありました。自分に接する上司の態度を威圧的に感じ、苦手意識を持ってしまうそうです。そのため上司への報告や連絡、相談が遅れてしまいミスにつながってしまうというものでした。

この問題を上司の側から見ると目につくのは部下のミスそのものです。これを技術的問題だと捉えてしまうと解決すべき問題はミスをなくすことです。そして今までの知識や経験からアドバイスを行ったり、指導したりします。それでもミスが起こると、さらにアドバイスを行ったり、指導を重ねたりします。

しかし部下から見れば本当の悩みは上司とのコミュニケーションのあり方なので、根本的なところは解決しません。このままいくと部下はアドバイスや指導を受ける度に追い詰められたように感じ、会社を辞めてしまうか下手をすると病気になるかもしれません。

技術的問題の特徴は問題の原因を自分の外にあると考えることです。部下のミスは上司にとって原因は自分の外にあります。しかし適応課題の場合は自分も問題の当事者になります。部下とのコミュニケーションのあり方が問題の原因なら上司自身も当事者として問題に関わる必要があるのです。そのためには部下が本当に悩んでいるのが何なのかを聞かなければいけません。当然ながらこれは議論ではできません。対話が必要なのです。

適応課題には他にも部門間の対立や他部門の協力を得られないといったことがあります。例えば市場制約のところで挙げた営業部門と製造部門との対立です。営業は「売れないのは製品が悪いからだ。もっと売れる製品をつくれ」と言い、製造は「売れないのは営業の売り方が悪いからだ」と言います。どちらも自分たちの見方が正しいと思っているので議論を行っても平行線を辿ります。売上を上げるにはお互いが「なぜそのように思うのか?」を理解し合う必要があります。

ビジョンをつくり、会社に根づかせることも適応課題です。議論で進めようとすると、お互いのあるべき論がぶつかり合い、まとまることができません。まとまるにはお互いの意見や考え方がどこから来ているのかを理解し合う必要があるのです。

このように見ると、会社に起こる出来事には適応課題が多いことがわかります。そして適応課題の問題を解決するためには議論ではなく、問題の当事者同士が対話を行う必要があるのです。

対話を習慣化し、議論と使い分けをする

会社に起こる出来事には議論で解決できる問題と議論では解決できない問題があることを見てきました。両方の問題に対応できるようになるには議論と対話を適切に使いわけすることが重要です。

しかし経営者には対話を妨げる4つの要因があります。議論することには慣れていても対話することには慣れていないのです。対話ができるようになるには、普段から社内で対話を行うような習慣を持つことが必要です。社内で対話を習慣化させるには、まず対話を行う場を設けること、そして対話の練習をすることでしょう。

3. 対話をどのように行えばよいのか

社内で対話を習慣化させるには対話の場を設けること、そして対話の練習を行うことが必要だと述べました。まず対話の場を設けることについて触れていきます。

対話の場を設ける

打合せや会議とは別に対話の場を仕組みとして設けます。打合せや会議ではどうしても何かを決めなければいけないので、議論になってしまいやすいからです。また対話は最初からうまくできるわけではありません。

よくやってしまうのが社員の話を途中で遮ってしまったり、社員が意見を言い終わる前にこちらの意見を言ってしまったりすることです。これでは社員も聴いてもらえたという感じを持つことができないし、本音を言うことを止めてしまいます。上司の中には矢継ぎ早に質問ばかりする人もいます。

本人は状況を正確に掴みたいと思っているのでしょうが、これでは対話になりません。対話は感情も含めて最後まで十分に話を聴くことです。対話をしっかりと行えるようになるという意味で対話の場を別に設けます。

テーマを決める

どのようなテーマで対話を行うのかを決めます。例えばビジョンの作成であれば、会社のありたい姿を提示し、なぜこの方向に向かいたいのかを説明した上で率直な意見や感想を聴く場として設けます。

ビジョンの実行に関することであれば、実行するにあたり、どのような懸念があるのか、どのような障害があると感じているか、また心配事は何かなどといったことを自由に話し合う場にします。

この他にも社員を育成することを目的としたコーチングや1on1ミーティングがあります。これらは社員が自分で目標を決め、目標に至る道筋も自分で考えることができるように上司が支援する手法です。このときのテーマは基本的には社員が話したいことです。事前に話したいことを決めてきてもらい、それをテーマにします。

スケジューリングを行う

いつ行うのかをスケジューリングします。この時間は通常の会議とは異なり、対話の時間であると意識するためです。通常の会議の後で行う場合も心の切り替えができるように間を取ります。対話の時間は60分くらいまでが適切です。長くても90分です。それ以上すると集中力が持たず、ダラダラとしてしまいます。

参加者と場所を決める

参加者は目的に合わせて選びます。複数で行う場合も1対1で行う場合も要件をきちんと説明した上で参加してもらいます。

場所は、静かに落ち着いて話ができるところを用意します。できれば窓のある明るい部屋がよいと思います。人と机でぎゅうぎゅうとなってしまうような狭い部屋はおすすめしません。飲み物などもあるとよいでしょう。リラックスして自由に話せるようにするための雰囲気をつくります。

ときには会社を離れて行うのもよいと思います。社内にいると今すぐしないといけない急ぎの仕事が気になったり、外から電話が掛かってきたりします。そのため話に集中できなかったり中断したりするので、それらを防ぐためです。会社とは違う雰囲気にすることで話が出やすいといった効果もあります。

最近ではZoomなどを使ったオンラインでの対話もあります。オンラインでの対面のよさは直接面と向かって話さないので本音を話しやすいことです。聞く側も相手と距離を置いて聞くことができます。ただし画面では相手の細やかな表情や感情の動きを感じとるには限界があるので、最初のうちはリアルで行って、対話に慣れてからオンラインに移行することをすすめます。

基本的なルールを決めておく

対話に先立ち、基本的なルールを決めて参加者から合意を得ます。例えば次のような項目です。

・常に相手に好奇心を持って聴く
・何を話しても自由
・正直な意見や気持ちを伝える
・役職の上下、年齢の差は関係ない
・批判や不満を出してもよい
・批判や不満の根拠を尋ねてもよい
・話したことを否定しない
・ばかなことを言っても構わない
・誰が何を言ったかを気にしない
・ここでの話は他者に話さない
・どのような支援が必要かについて話し合う
・時間厳守

またマネージャーの場合は次のようなルールを追加するとよいかもしれません。

・部下に対して約束したことは守る
・上司と部下が話し合って決めた計画や行動について、変更しないといけないような出来事が発生したとき、上司は部下にそのことを速やかに伝える
・上司は部下の成し遂げた成果に対して中立的な立場でフィードバックを行う

実際に対話を始める際のルール説明の例を示します。最初にテーマとその目的をあげ、次にルールの説明をします。

「今日、取り上げたいのは先日みなさんが合意したビジョンを実行することについてです。これから具体的な目標を立ててビジョンの実現に向けて動いていくわけですが、実行にあたり、どのような懸念点があるのか、どのような心配事があるのかについてあなたの率直な意見や感想を聴かせてください。これから同じ方向を目指す仲間として共有したいのです（テーマとその目的の説明）。

これからこのミーティングのルールを説明します（今日のルールの説明）。時間は○時から×時までの1時間で、時間厳守で終わります。この時間はどのようなことを話しても構いません。発言に役職や年齢の上下は関係ありません。業務を遂行する上での批判や不満を出しても構いません。懸念点や心配事以外にも気づいたことやアイデアがあれば出してください。ただし同じ仲間として他のメンバーの発言を否定したり、メンバーの人格を否定したりするのは止めましょう。

また今日の話し合いで私が支援できること、約束したことは必ず守ります。もし約束を実行することが不可能な事態が生じたときは再びみなさんにそのことを伝えて、どうすればよいのかを一緒に考えていきます」。

対話を行うときの心がまえ

実際に対話を行う際の心がまえについて次の①〜⑥について述べます。

①とにかく相手の話を最後まで聴く

どのようなことを話すかは相手が決めることです。とにかく目の前の相手の話を最後まで聴きます。話を遮って口を挟まないよう心掛けます。

相手が感じていることをありありと思い浮かべるように聴くことが一番大切です。人は自分のことを理解されていると感じれば感じるほど、もっと話をしたいと思うようになり、信頼関係も生まれます。相手がどのようなことを感じているのか、考えているのかを好奇心を持って聴きます。

ときにはあなたにとって辛いことや聴きたくないことを聴くことになるかもしれません。しかし相手の感じていることは相手のものであって、あなたのものではありません。聴き続けることで理解しようとしている気持ちは伝わります。聴くことを止めないでください。

②理解したことをフィードバックする

相手の話すことと相手の話から自分が理解することは100%同じではありません。「いまあなたの話したいことは○○のことで、××というふうに感じているという理解で合っていますか?」というふうにフィードバックします。このひと言を入れれば相手が実際に話したいと思ったことと自分が理解したことのずれやニュアンスの違いがわかるようになります。またこちらが理解しようとしていることも相手に伝わります。

③社長は自分の思っている以上に「権威者」であることを認識する

対話では話し手と聴き手は対等の関係です。しかし中小企業の社長の多くは会社のオーナーでもあります。私もそうですが、社長本人が社員と対等に話しているつもりでも社員からはそうは見られません。社員からは社長は大きな権威を持っているように見られるのです。そのため対話をしようと試みても本音がなかなか出てこなかったり、対話そのものを避けようとしたりします。

社長は自分の思っている以上に「権威者」だと思われていることを理解してください。その上で粘り強く話を聴くことが大切です。

④相手の話を遮りたくなったときは「口にチャック」

経営者なら会社への思い入れは人一倍あります。まして自分で起業したなら尚更です。思い入れが強い分、社員の話を聴くときにどうしても話を遮って口を挟みたくなります。話を遮って口を挟みたくなるときは次の２つです。１つは相手の話から「あなたの言いたいのはこういうことだろう」と結論づけてしまいたいとき。もう１つは相手の話が受け入れ難いときです。

結論づけたくなるのは「私は知っている」と思っているからです。しかし本当にそうでしょうか？　自分でも気づいていないこと、知らないことがあるからこそ対話を行う意義があります。すべてを知っているのなら対話する意味はありません。また反論したくなるのは守りたい価値観や信念、考え方があるからです。確かにそれらはあなたにとって大切なことですが、囚われすぎてしまうと自由に耳を傾けることはできません。新しい気づきや考えも生まれないでしょう。大切していることと新しい気づきや考え方を得ることとのバランスが大切です。

私は社員との対話で相手の話に口を挟みたくなったら「口にチャック、口にチャック」と言い聞かせています。そして割り込みたくなるのは自分のどのような気持ちや考えから来るのかを問うようにします。慣れるまではうまくはいきませんが、繰り返すうちに話を聴くことができるようになります。

⑤対話には時間が掛かると心得る

相手の話に耳を傾け、相手の考えていること、感じていることがありありとわかるようになることで対話は成立します。もちろん相手の言うことに共感できないときや意見が対立してしまうことはあるでしょう。このような場合でも他者理解に努めようと努力を続けることが対話においては重要です。

対話の場を設けたからといって最初から対話がうまくできるわけではありません。よく行ってしまうのが、適応課題の説明で例として取り上げた部下のミスのようなことです。上司は部下の悩みを技術的問題だと捉えてしまい、それ以上のことは聴こうとせずにアドバイスや指導を行っていました。対話に慣れないうちは相手の話を充分に聴かずに問題解決に走ってしまうことはよくあります。対話の習慣ができるには時間が掛かります。対話について学びながら粘り強く続けることが大切なのです。

⑥別の人にメンバーに加わってもらったり、自身がコーチングを受けたりする

対話を続けても思うように進展しないこともあります。このようなときは今までとは違うメンバーに参加してもらうのがよいでしょう。別のメンバーが加わることでこれまでとは違う考え方や

視点を得られるかもしれません。

またプロコーチと契約してコーチングを受けるのもよいでしょう。自身がコーチングを体験することで対話について学んだり、頭の中を整理したり、また相手のことを理解したりするのに役立つからです。

対話の練習をするワーク

楽器に慣れるために何度も基礎練習を行うように、対話に慣れるためには普段から練習を行うことです。ここでは2人1組で行う練習方法を紹介します。

①2人1組でペアをつくり、話し手と聴き手に分かれます。

②話し手は今話したいこと、相手に聴いてもらいたいことを話します。時間は5分です。

③話し手が話している間、聴き手は只々話し手の話を受け取って聴きます。聴き手から質問やコメントはせず、メモも取りません。聴くときは視線を相手に向け、相槌を打つなど、話をしっかりと聴いていることを相手に伝えます。聴き手は話の内容だけでなく、話し手が今感じているだろうことにも着目して聴きます。

④時間が来たら話し手は話すのを止めます。

⑤聴き手は「今話したいことは○○な話だと思ってよいですか?」、「○○という話をしたいという

理解で合っていますか？」など自分の理解したことを話し手にフィードバックします。このときのフィードバックは間違っていても構いません。さらに相手が深く話すのを助けるからです。

⑥話し手は聴き手の発言から自分の話したいことが何かについてより深く聴き手に話します。聴き手は話し手の話をさらに聴き、理解したことを再び話し手にフィードバックします。話し手の話したいことが共有できるまで、この作業を繰り返します。

4．対話を促進させるツールを使う

対話を行うときに次のツールを使うと便利です。1つは対話をする上で社員を理解するためのツール、もう1つは意見の対立が起こったときに、なぜ対立が起こっているのかをお互いに目で見て理解し合うためのツールです。

①社員を理解するためのツールを使う

仕事ぶりだけで社員を判断すると対話がうまくいかない

私たちが社員を理解しようとするとき、その人の普段の仕事ぶりで判断しようとします。仕事ぶりとはその人が「できたこと」や「行ったこと」を意味します。

例えば「Sさんは果敢に攻めて大きな売上を獲得した」とか、「Tさんはチームメンバーをまとめてプロジェクトを成功させてくれた」といったこと、あるいは「Kさんは言われた仕事を確実にやってくれる」とか、「Mさんは難易度が高い研究だったのにも関わらず、1つひとつ検証を重ねて結果を出してくれた」といった具合です。そしてその仕事ぶりから新しい仕事を任せたり、さらに責任のある役職につけたりします。

普段の仕事ぶりから社員を理解することは簡単で便利な方法です。なぜなら目に見える結果から判断ができるからです。しかしこの基準だけで社員を理解してしまうと、対話がうまくいかないことがあります。例えばある会社にN社長という人がいました。彼はアイデアマンで、次々とアイデアを思いついては実行に移して成功してきたのです。

この会社にはN社長が信頼していた社員がいました。Yさんです。YさんはN社長から頼まれた仕事をきちんとこなして結果を出していたのでN社長からの信頼が高かったのです。N社長はYさんにこれからも自分の右腕として活躍して欲しいと思い、面談で今までの成果をねぎらい、幹部になって欲しいと伝えました。

ところがYさんは「考えさせてください」と言った後、会社を辞めてしまったのです。困ったのはN社長でした。面談ではYさんのこれまでの業績のよさをフィードバックして、N社長の気持ちも正直に伝えたはずでした。対話も十分行ったつもりです。Yさんから明確な返事をもらえませんでしたが、今までの仕事ぶりからすればきっと応えてくれるだろうと思っていたのです。それなのになぜ会社を辞めたのか、N社長には理解できませんでした。

実はYさんからすればN社長についていくのに疲れたというのが本音です。Yさんは1つずつ着実に積み重ねながら結果を出していくやり方を好む人でした。

ところがアイデアマンのN社長は次から次へと仕事をもってきます。幹部にさせられると、さらにこの傾向は強くなるでしょう。1つずつ着実に仕事をこなしたいYさんにとって、これ以上の量の仕事は耐えがたいことだったのです。そしてこのことをN社長に言ってもわかってもらえないだろうと思い、会社を辞めたのでした。

対話をするには仕事ぶり以外にも社員のことを理解する必要があります。その1つが社員それぞれの人が持つ仕事のやり方です。人にはN社長のように考えたことや思ったことをすぐに行動に移して結果を求める人もいるし、Yさんのように1つずつ着実に仕事をこなしていきたい人もいます。また1人で動いて仕事をしたい人もいるし、他の人を巻き込みながら一緒に仕事をしたいという人もいます。つまり目の前の仕事に対して「どのように取り組みたいのか」、上司や部下、同僚と「どのように働きたいのか」といった、その人の持つ欲求です。

相手がどのような欲求を持っているのかを理解する

社員それぞれの仕事のやり方は、その人の持つ価値観が大きく影響しています。例えば「何事も直観で判断することが大切だ」という価値観を持つ人は何事も素早く決断して動くでしょう。

一方で「直観は当てにならない。データを集めて論理的に結論を出すことが大切だ」という価値

〔図表23　欲求は価値観に、価値観は行動に影響する〕

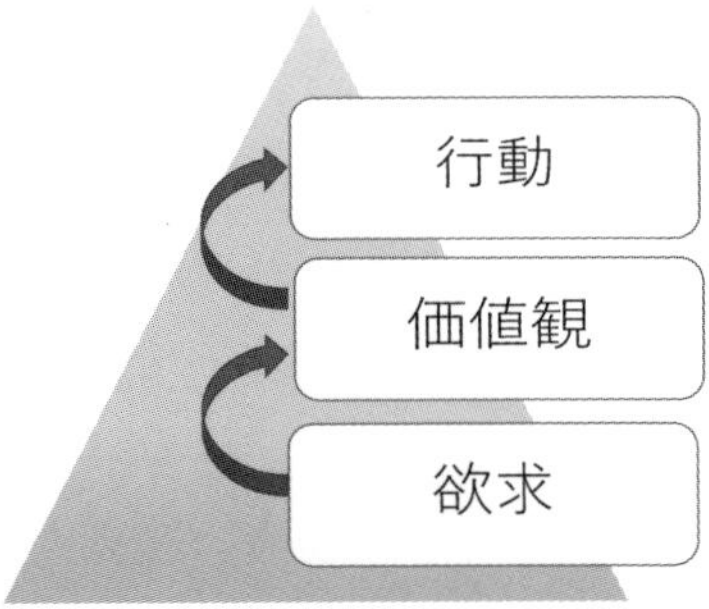

観を持つ人はじっくりと考慮してから決断します。価値観がその人の考え方や感じ方、行動の仕方を方向づけます。

さらに価値観に影響を及ぼすのがその人独自の欲求です。例えば「人から認められたい、もっと人と親しくしたい」という欲求を持つ人は「他の人と一緒に何かをするのは楽しいに違いない」という価値観を持つでしょう。そしてこのような価値観を持つ人は誰にでも親しく接しようと行動するはずです。

しかし反対に「他人とは距離を置きたい」という欲求を持っている人もいます。このような欲求を持っている人は「他者を簡単に信用すべきではない」という価値観を持つかもしれません。このような価値観を持つ人は親しげに寄ってくる人に対して抵抗を感じたり、苦手意識を持ったりするでしょう。

このように仕事をする上で、どのような欲求を持っているのかを知ることができれば相手への理解を深めることができます。ところが人がどのような欲求を持っているのかは外から見てもわかりません。わかるのはその人の行動や振る舞い方だけです。

この行動や振る舞い方からどのような欲求をもっているのかがわかるような考え方や理論があれば対話をする上でも便利です。人がどのような欲求を持っているのか、そして欲求からどのような行動を取るのかについて体系化したものにDiSC®理論があります。。DiSC®理論はアメリカの心理学者ウィリアム・M・マーストン博士の理論から発展したものです。

＊DiSC®は、John Wiley&Sons社の登録商標になっています。

2つの軸から相手の欲求を理解する

人にはさまざまな欲求がありますが、仕事を行う上での欲求には大きく分けると2つの軸があります。1つはものごとや出来事に対してどうしたいのかという軸です。目の前に課題や問題などが起こると、人は解決したい、その状況をコントロールして何とかしたいという欲求が起こります。この欲求を制御欲求と言い、この欲求が強いか、弱いかという軸です。

制御欲求の強い人は目の前に起こった状況をすぐにでも何とかしたいと思うので、何らかの行動を起こそうとします。周りの人から見るとその人の行動は活動的です。また仕切りたがったり、決断を下したり、あるいは人に教えたり、勇気づけたり、後押しすることを好みます。

反対にそうでない人は比較的、他者の決定に合わせようとする人です。思慮深く、目の前のものごとや出来事に対して着実に進めていくことを好みます。仕事も他人に任せるよりも自分でちゃんと行いたいと思うでしょう。

もう1つの軸は他者との関係についてどうしたいのかという軸です。この欲求を親和欲求といい、この欲求が強いか、弱いかという軸です。例えば初対面の人にオープンに接することができる人もいれば、そうでない人もいます。人間関係を重視し、人とつながりたいという親和欲求が強い人は誰にでもオープンに接しようとします。友好的、社交的で誰かと一緒にいることを好み、人から受け入れられること、承認されることを大切にします。仕事でも人を励ましたり、助けたりすることを好みます。このような人は感情の表現も豊かです。

反対に人との距離を取りたがる人もいます。初対面の人が近寄ってくると、むしろ抵抗を感じます。このような人は人間関係よりも目の前の課題や問題を解決するほうに関心があります。また状況のあり方やものごとに疑問を持ったり、論理的であったりします。

ちなみにこれらの欲求は強かったらよいのか、弱かったらよいのかということはありません。強くても弱くてもどちらにも長所があり、短所があります。

この2つの軸から相手のことを理解し、対話に生かすとよいでしょう。例えば制御欲求が強く、親和欲求の弱い人が相手であれば、自信に満ち溢れたように見えると思います。人によってはぶっきらぼうで威圧的に見えるかもしれません。このような人は活動的で、成果を求めて現状のあり方に疑問を持って挑戦しようとします。ものごとに対する明確な意見を持っているので、対話でもあ

〔図表24　２つの軸から対話の相手を理解する〕

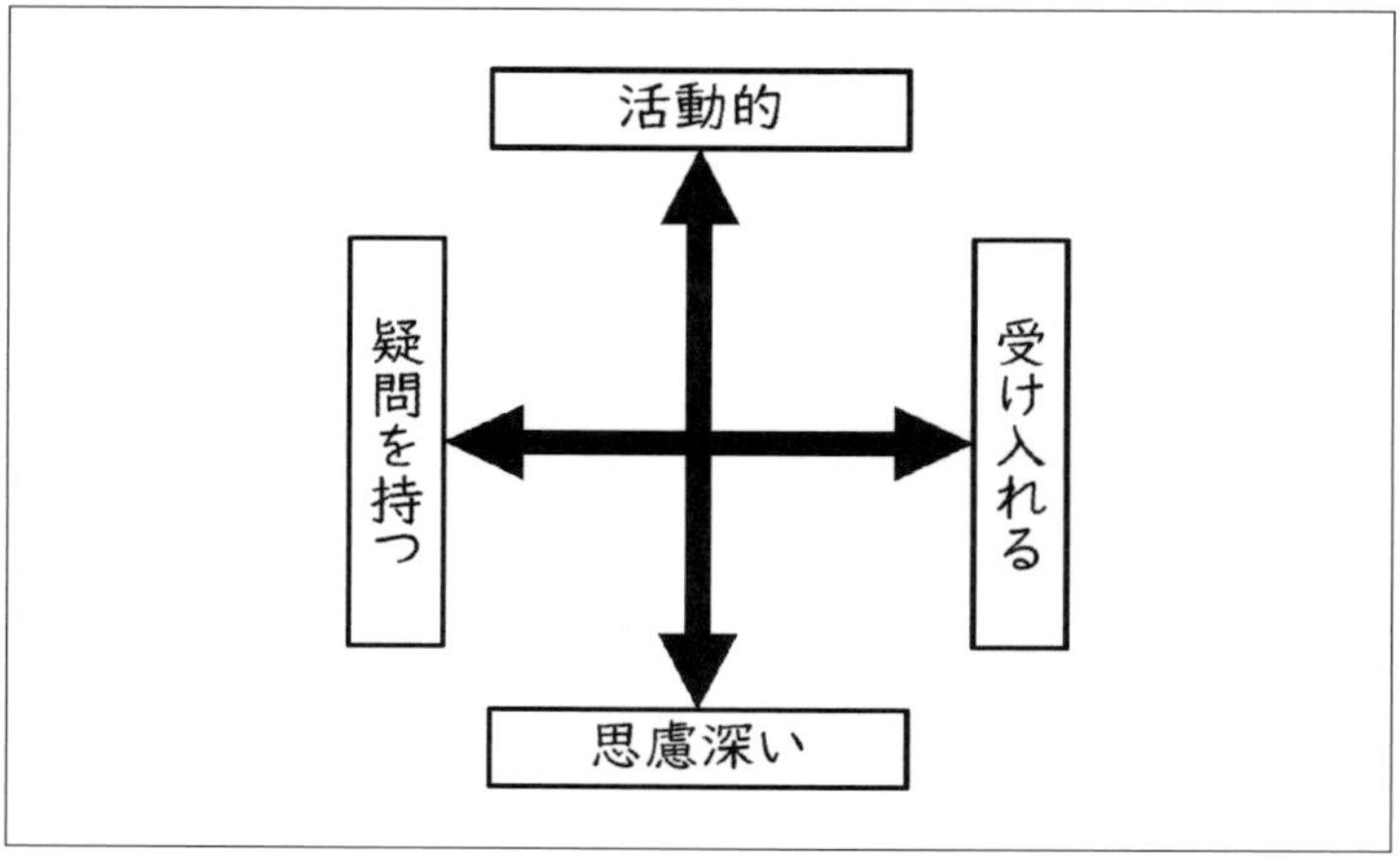

るべき姿を聞くと明確に答えてくれるでしょう。

制御欲求と親和欲求の両方が強い人が相手のときは、傍から見ると陽気でポジティブな性格に見えます。人が近づきやすく、活気もあります。このような人は人とつながって他の人と一緒に何かをすることがとても好きなので、対話の中でも一緒にアイデアを考えたり、計画を立てたりすると熱心に応えてくれます。話が取っ散らかってしまうこともあるので、そういうときはこちらで要点をまとめるように促すとよいでしょう。

制御欲求が弱く、親和欲求が強い人が相手のときは温厚で落ち着きがあるように見えます。このような人は人を支援したり、協力したりすることが好きでものごとを着実に行う人です。安定した人間関係を好むので対話でも相手のペースに合わせて話を聞いたり、目の前の問題について考えるときも細かく分けて考えるように促すとよい方法を出してくれたりします。

制御欲求と親和欲求の両方が弱い人が相手のときは、物静かで感情を表に出さないので内向的に見えます。感情を表に出さないのは緻密で正確さを好むところからきています。批判されたり、間違いを避けたりしたがるので対話をするときも論理立てて話すようにするとよいと思います。分析的で専門性を高めることを好むので、1つのテーマを深堀りするのが得意ですが、全体像を見失うこともあるので対話の中でも全体から眺めたりすることを促したりするとよいと思います。

対話を行うときはまず自分がどのような欲求の軸を持っているのかを知りましょう。その上で対話の相手がどのような軸を持っているのかを観察することです。例えば第1章で取り上げたヒロシさんは制御欲求が強く、親和欲求の弱い人です。彼の部下の中に制御欲求が弱く、親和欲求の強い人がいました。もし彼がその人を育てようとするなら指示やアドバイスを急いで与えないことです。1つずつ着実に自分で考えられるように導いてあげることがよいでしょう。

②意見の対立を図式化し、対話を促進させる
対話の途中で対立が起きたら

ビジョンの実現に向けて目標を立てて動くとき、マネージャー同士の対立が起こることはよく見られます。なぜならマネージャーの役割は与えられた担当部署のパフォーマンスを絶えずよくしようとすることだからです。

例えば営業部門は売上を上げることが役割なので、顧客を増やし、受注を獲得することを目標に掲げて活動します。一方、生産部門はよりよいものを安く、そして早く造ることが役割なので、品質の向上や生産リードタイムの短縮、在庫を減らすことやコストダウンを目標に掲げて活動します。

それぞれの部門が役割に沿った評価指標を決めて活動するので自部門の評価指標に影響が出るとき、あるいは自部門のやり方や考え方にそぐわないとき対立が起こることになります。対立が起こると自ずと議論モードに入ります。議論は勝ち負けの世界なので、どちらかに不満が残るか、あるいはお互いが不満を持ちながら妥協します。

対話においても対立が起こることがあります。対立が起きても議論モードに変わることなく対話を続けることが重要です。対話を通して何が起こっているのかを詳細に話し合うことができれば、お互いが納得できる結論を出すことができるでしょう。

このとき議論モードに陥らず、対話を続けることができるようなツールがあれば便利です。なぜ対立が起こるのかを当事者が目で見て理解し合えるようなものであれば対話を続けることができます。それがTOCのクラウドと呼ばれるツールです。

対立を解消するためのツール・クラウド

クラウドはゴールドラット博士が開発したツールです。ゴールドラット博士は対立が起こったとき、対立を当たり前のこととして受け入れないこと、そしてあらゆる対立は取り除くことができると述べ

〔図表25　クラウド〕

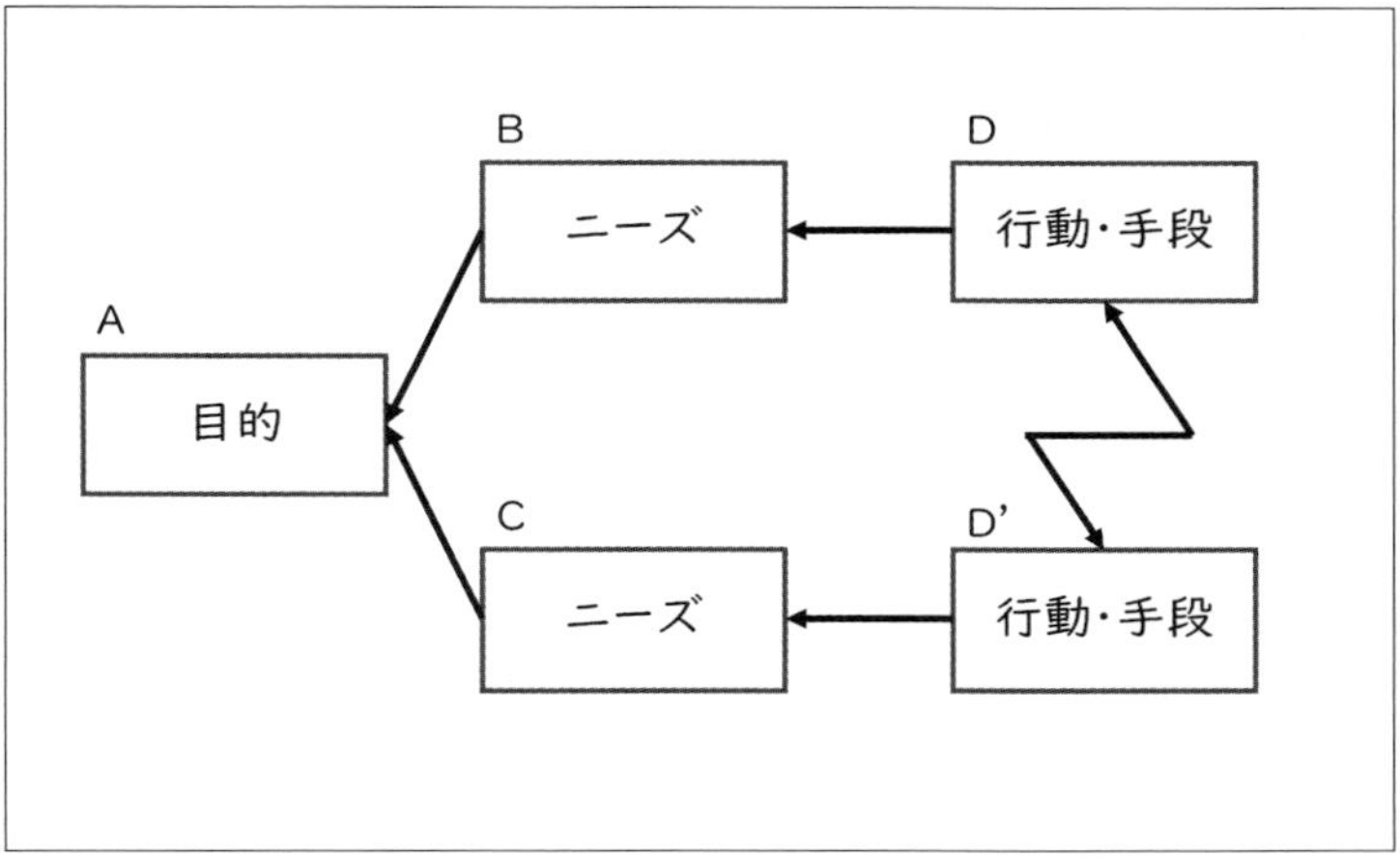

ています。では営業部門と生産部門の対立について、3つの例を挙げながら見ていきましょう。クラウドは図表25の5つのボックスから成り立っています。

この5つのボックスは次のように読みます。

- Aであるならば、Bである
- Aであるならば、Cである
- Bであるならば、Dである
- Cであるならば、D'である
- DとD'は対立している

BとCにはそれぞれの部門のニーズが入ります。DとD'にはそれぞれのニーズからどのような行動や手段を取るのかが入ります。そしてAにはそれぞれのニーズがどのような目的から生まれてくるのかが入ります。

例えば営業は売上を上げることが役割なので、顧

〔図表26　生産計画を巡る対立〕

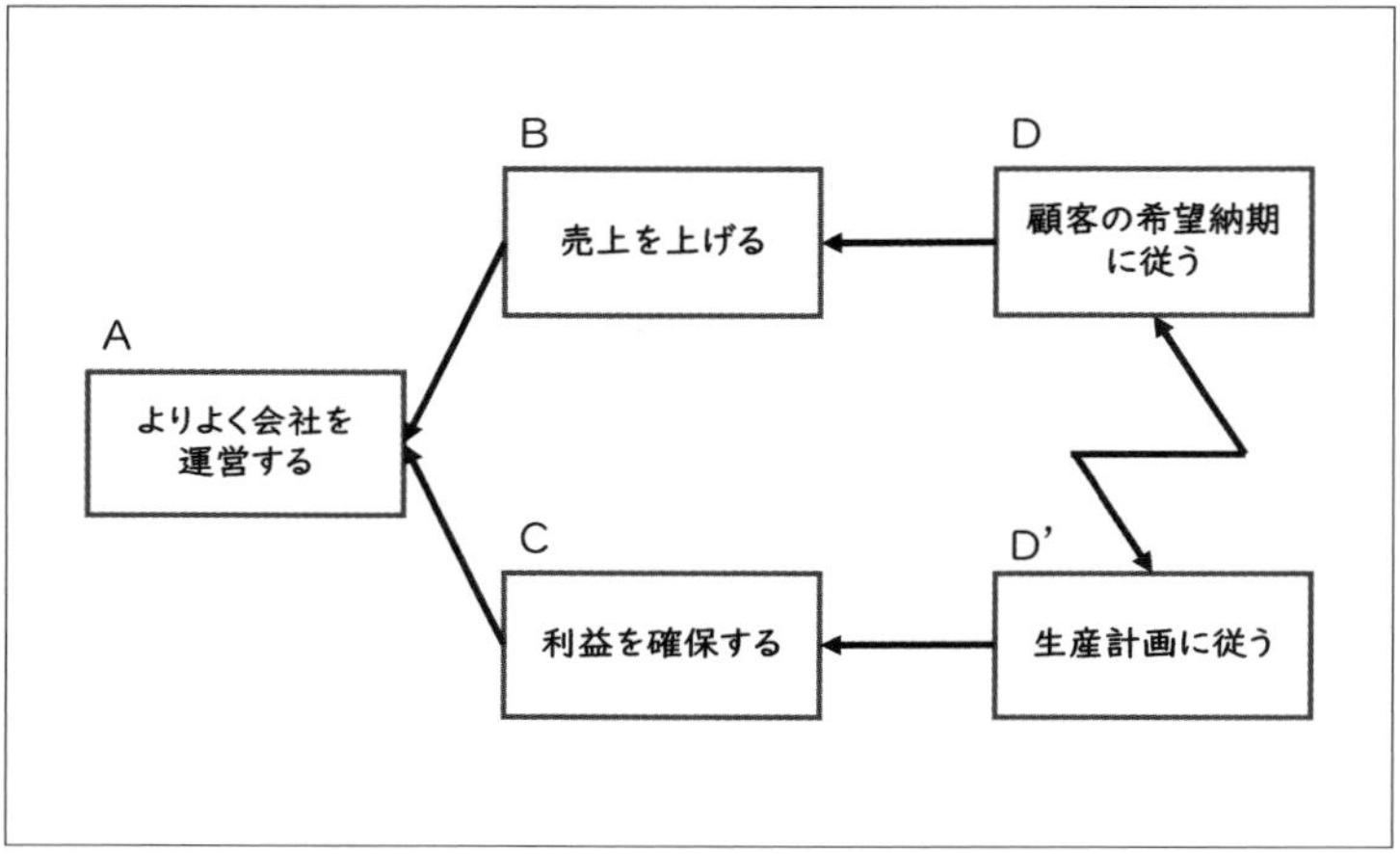

客から急な注文が来たときや納期の短縮を求められるとそれに応えたいと思います。そしてすでに立てた生産部門の生産計画に割り込もうとします。しかし生産部門からすれば計画が狂うので割り込みは好ましいことではありません。他の生産に影響が出るのでコスト高になるからです。これは生産部門の考え方に反します。このことをクラウドで説明すると図表26のようになります。

BとDは営業から見たロジック、CとD'は生産部門から見たロジックです。売上を上げるためには顧客の希望する納期に従わなければいけません。そのため生産計画への割り込みを図ります。

一方、生産部門にとってコストを抑えるには生産計画通りに生産を行うことです。つまり利益を確保するには生産計画に従うことが一番です。ここで営業部門と生産部門の対立が起こります。

しかし注目すべきはAのボックスです。営業部

〔図表27　受注を巡る対立〕

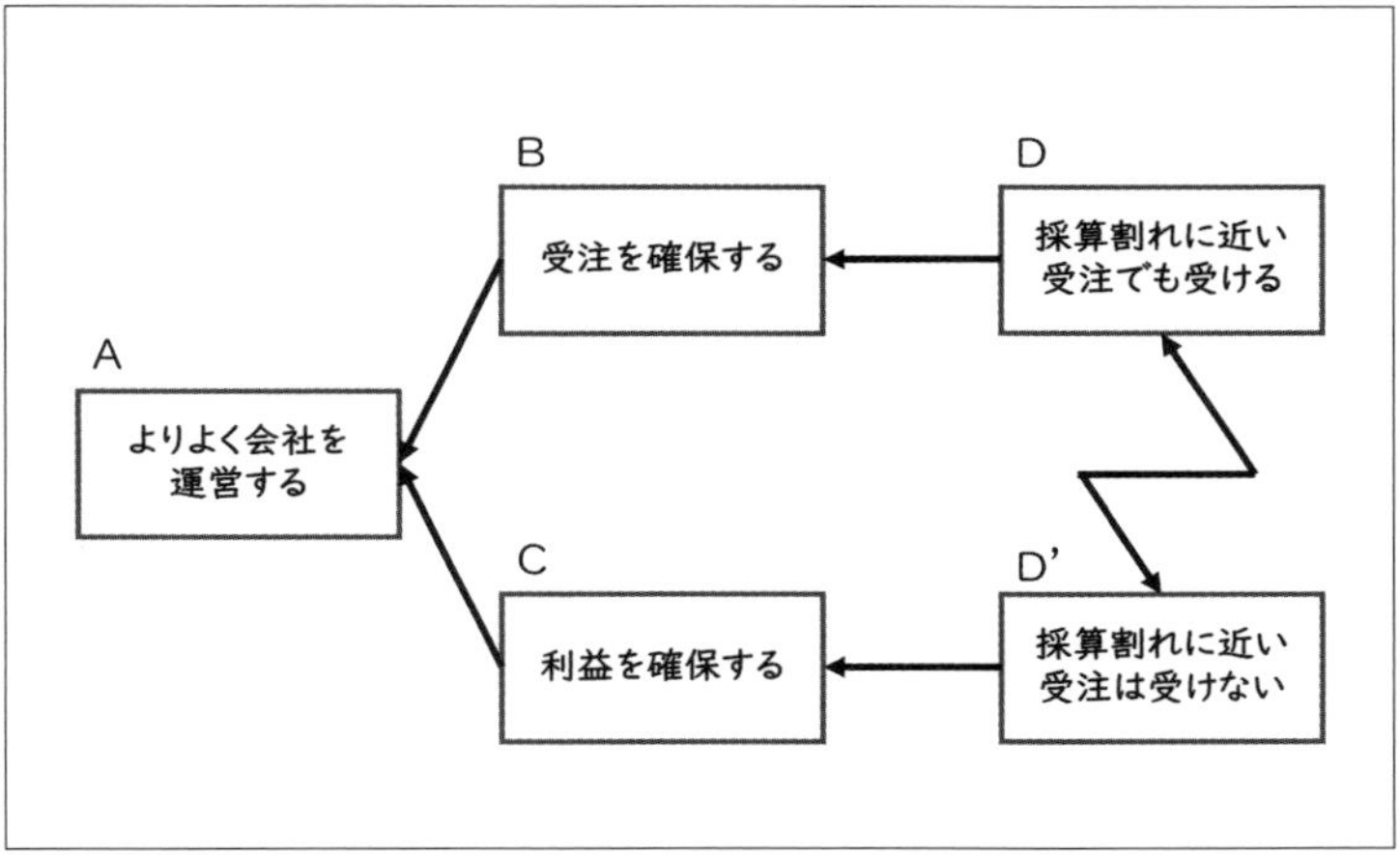

門が売上を上げたいのも生産部門が利益を確保したいのもよりよく会社を運営したいからです。同じ目的でもお互いのニーズが異なるために対立が起こるということがわかります。

２つめの対立は受注価格をめぐる対立です。営業部門は顧客との取引を増やしたり、取引を継続させたりしたいがため、ときに採算割れに近い受注を取ることがあります。しかし生産部門からすればこれは受け入れがたい行為です。なぜならコストに一定の利益を乗せないと自分たちの評価が落ちるからです。利益を確保するためには採算割れに近い受注を受け入れることはできません。クラウドで表すと図表27のようになります。先程と同様、ＢとＤが営業から見たロジック、ＣとＤ'が製造から見たロジックです。

３つめの対立は品質を巡る対立です（図表28）。生産部門の役割はよりよい製品を予算内に納めて

〔図表28　品質を巡る対立〕

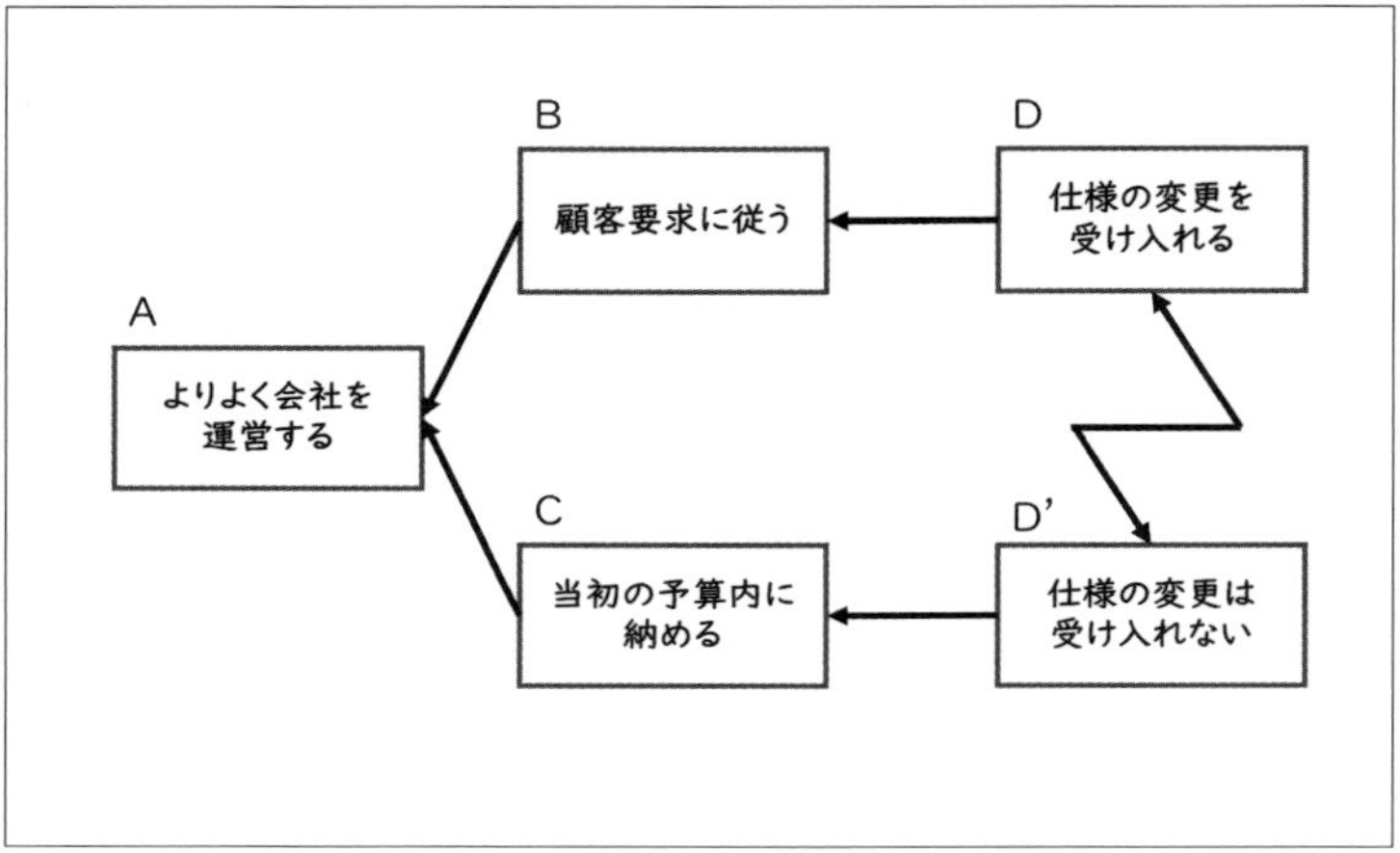

つくることです。受注生産を行うような会社の場合、生産に掛かる前にしっかりと仕様を決め、その通りにつくることが大切になります。しかし顧客から仕様の変更が求められたり、追加の仕様が加わったりすることがあります。

営業部門としては顧客の要求に従うことが第一優先なので仕様の変更を受け入れようとしますが、生産部門は予算内に納めたいので変更はしたくありません。そこに対立が起こります。

営業部門と生産部門の対立を3つ見てきました。これらの対立をまとめるとどのような構造が見えてくるでしょうか？　図表29のようになります。

営業はよりよく会社を運営するために売上を確保しようとします。そのためにはすべての顧客要求に従おうとします。一方、生産部門はよりよく会社を運営するために利益やコストの予算を守ろうとするので、すべての顧客要求には従えません。

〔図表29　3つのクラウドをまとめる〕

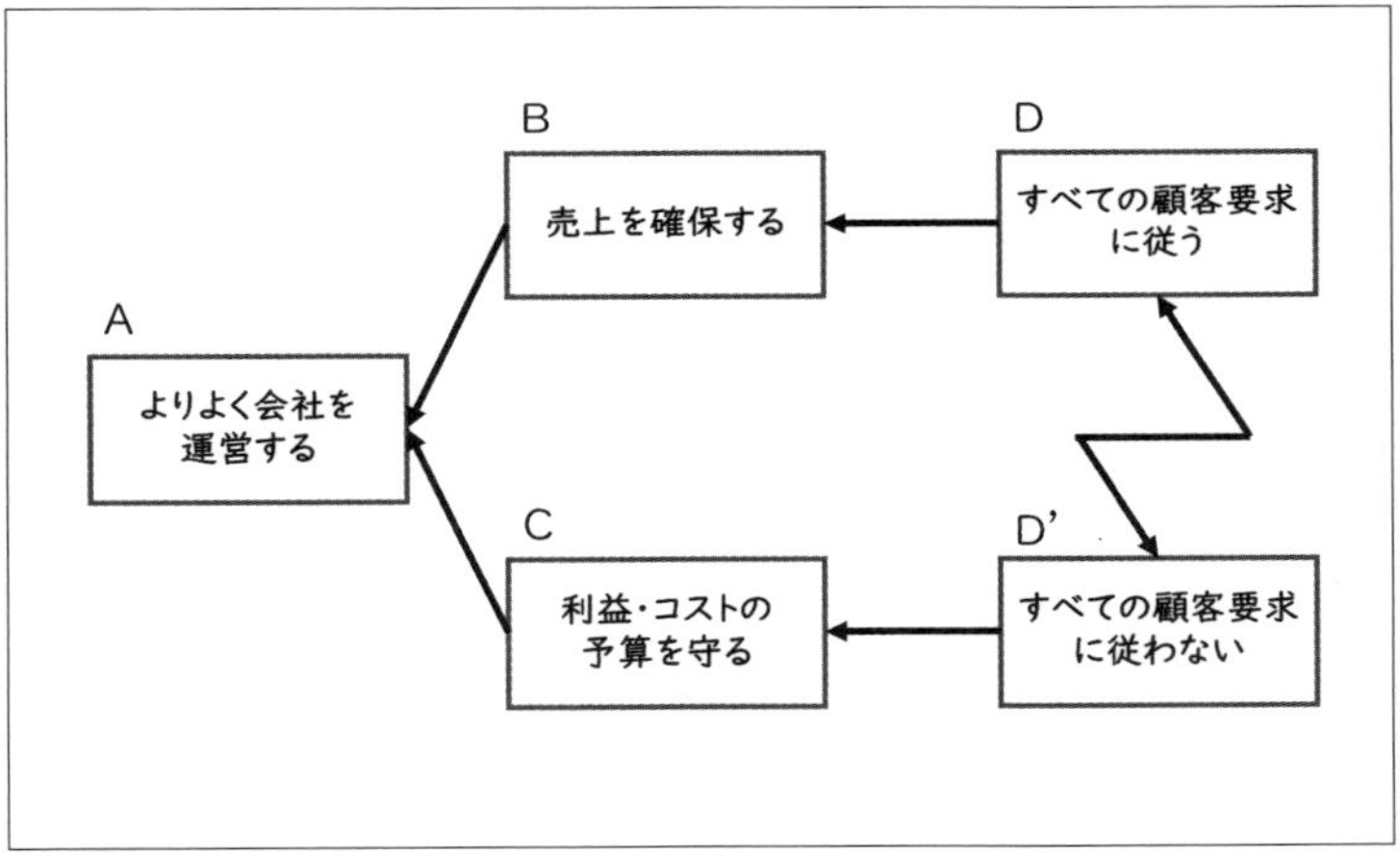
B
売上を確保する
D
すべての顧客要求に従う
A
よりよく会社を運営する
C
利益・コストの予算を守る
D’
すべての顧客要求に従わない

これが営業部門と生産部門を巡る対立関係です。

どのようなことで対立しているのかについて目に見えるような形にし、お互いの役割や考え方が理解できるようになれば対話を続けることができます。対立を解消するためにどのようなことをすればよいのかについて対策を話し合うことができます。例えばお互いの情報共有を図るようにする、どのような顧客をターゲットにしてどのような商品を売るのかについての方針を決める、部門間の連携を図る人材を育成するなどです。

この章ではビジョンを根づかせるために対話を行うことについて述べてきました。毎日ビジョンに触れるような環境をつくったり、中間目標を立てて評価を行ったりすることは大切ですが、仕組みだけではビジョンは実現しません。ここで述べたようなツールを駆使しながら対話を続けることがビジョンの実現には何よりも有効なのです。

あとがき

改めてビジョンとは何かについて考えてみたいと思います。実は第1章の事例で取り上げたS社のヒロシさんは私自身をモデルにしています。事実と異なるのは、現在私の会社で掲げられているビジョンは私のつくったものではないということです。私の次に社長となる社員が私からコーチングを受けながらつくりました。本書はこのコーチングを通して得たノウハウをもとに書かれています。

コーチングの中で「経営とは何だろう?」という話になったとき、印象に残っている彼の言葉があります。

「いろいろな経営者の本を読んで『経営とは何だろう』と考えてみたけれど、経営者によって言っていることが違います。本を読めば読むほど自分ではわからなくなりました」

わからなくなって当然です。経営者によって経営への姿勢や考え方、課題の捉え方は違うからです。誰1人として同じものはありません。偉大な経営者、例えば松下幸之助氏の考える経営と稲盛和夫氏の考える経営は違います。だから彼も自分なりの経営への姿勢や考え方をしてよいのです。コーチとして私は彼にそうアドバイスしました。

同じようにビジョンも経営者自身の経営への姿勢や考え方、課題の捉え方によって違います。経営者が100人いれば100通りのビジョンがあるのです。同じビジョンはありません。このような意味でビジョンはつくった人にとって個人的にとても大切なものであると言えます。ビジョンをつくるときに最初にビジョンと向き合うところから始めるのはこのためです。傍から見てどんなに荒唐無稽なものであっても、逆にどんなに平凡に見えてもつくった本人には思い入れのあるものなのです。

つくった本人にとって個人的にとても大切なものであるならば、事例として他の人がつくったビジョンを取り上げる資格が自分にはあるのだろうか？　それならば私をモデルにして書いてみればどうだろう？　私自身のことであればいくら書いても誰にも迷惑はかからない。このように思い、本書を書くに当たってはヒロシという架空の人物にビジョンを語ってもらうことにしたのです。彼を通してビジョンをつくるときに考えたこと、彼の思い、ビジョンをつくったことによって得た効果などについて見ていただければと思います。

同時にビジョンはとても公的なものです。公的であるとはビジョンはつくった人だけのものではなく、社員を始めとする会社に関わる人たちにも共有されて初めて意味を持つという意味です。どのようなビジョンでも経営者1人では決して実現はできません。実現に向けて多くのハードルがあるビジョンであればあるほどなおさらです。ビジョンに共感してもらえるからこそ人が集まり、実現に向けての大きな力になります。

ビジョンに共感してもらうための最もよい方法はビジョンをつくるところから社員にも参加してもらうことです。しかし彼らからちゃんと意見や感想を聴くことができないと、つくったビジョンはやはり経営者ひとりのものになってしまいます。そうならないためにも対話を通して彼らの考え方や感じ方を知ることが大切なのです。本書で対話について触れた理由もここにあります。繰り返しますがビジョンは経営者1人のものだけでなく、会社に関わる人たち全員のものでもあるのです。

またビジョンは未来に向けて成長するためにあります。私はプロのコーチとしても活動していますが、コーチングとはクライアントが自身の可能性を最大化できるように支援することです。コーチとクライアントとの間で行われるコミュニケーションを通してクライアントの思考や感情が刺激され、1人では気づくことのなかった考え方や視点を得ていきます。そして行動に移すことで本当にありたい自分になれるようにすることがコーチングです。例えて言うのならセミが脱皮して成虫することと似ています。古い殻のままだと成長できません。自分から新しい殻を得ることでセミは成虫になることができるのです。

ビジョンも本質的にはコーチングと同じです。セミが古い殻を抜け出して新しい殻を得るように、ビジョンをつくって実現に向かうことで会社が成長していきます。会社が成長すれば会社に関わる人たちも成長します。そして今度は自分自身のビジョンをつくるのです。経営者個人のビジョンから会社全体のビジョンへ、そして会社に関わるすべての人たちそれぞれのビジョンへ。こうしてビジョンを通して会社も個人も成長することがビジョンの持つ最も大きな意味だと言えるでしょう。

最後に執筆をしながら新型コロナウイルス感染の流行で感じたことがあります。2019年末から始まった感染流行は幾度の緊急事態宣言やまん延防止等重点措置の回数を重ねるごとに社会的に弱い立場の人たちに深いダメージを与え続けています。そして日本の社会は未だに弱い立場の人たちを守るようにはできてはいません。まだ感染流行は続き、温暖化に伴う自然災害も増えるでしょう。日本はサバイバルの時代に入ったように思います。このような時代だからこそ人間性を磨き、社会的な意識を高め、道徳を養うことが大切だと思います。ますますビジョンを描くことが大切になってくるのです。

＊本書に書かれている内容は数多くの人たちから学んだことで成り立っています。この人たちとの出会いがなければ書くことはできなかったでしょう。特に執筆に当たって私のメンター・コーチである西村慶子女史、株式会社MOGBIの藤田大輔希氏、そして原稿を丹念に読んでチェックをしてくれた妻・和香に深く感謝します。

澤田　浩一

参考文献

「ザ・ビジョン」ケン・ブランチャード、ジェシー・リン・ストーナー　ダイヤモンド社
「マズロー心理学入門　人間性心理学の源流を求めて」中野明　アルテ
「吉野家　安部修仁　逆境の経営学」戸田顕司　日経ＢＰ社
「図解　人材マネジメント入門　人事の基礎をゼロからおさえておきたい人のための『理論と実践』１００のツボ」
坪谷邦生　ディスカヴァー・トゥエンティワン
「夜と霧　ドイツ強制収容所の体験記録」ヴィクトール・E・フランクル　みすず書房
「一勝九敗」柳井正　新潮社
「ネガティブ・ケイパビリティ　答えの出ない事態に耐える力」帚木蓬生著　朝日新聞出版
「組織改革　ビジョン設定プロセスの手引」シンシア・スコット他　鹿島出版会
「恐れのない組織　『心理的安全性』が学習・イノベーション・成長をもたらす」エイミー・C・エドモンドソン著　英治出版
「現実はいつも対話から生まれる　社会構成主義入門」
ケネス・J・ガーゲン、メアリー・ガーゲン著　ディスカヴァー・トゥエンティワン
「スターバックス成功物語」ハワード・シュルツ他著　日経ＢＰ社
「スターバックス再生物語　つながりを育む経営」ハワード・シュルツ他著　徳間書店
「CNNEE ベスト・セレクション インタビュー13　モノづくりアメリカを取り戻せ！
スタバＣＥＯ　ハワード・シュルツ」CNN ENGLISH EXPRESS 編集部　朝日出版社
「問題児　三木谷浩史の育ち方」山川健一　幻冬舎
「志高く　孫正義正伝」井上篤夫著　実業之日本社
「ザ・ゴール　企業の究極の目的とは何か」エリヤフ・ゴールドラット著　ダイヤモンド社
「クリティカルチェーン　なぜ、プロジェクトは予定どおりに進まないのか？」エリヤフ・ゴールドラット著　ダイヤモンド社
「世界でいちばん従業員を愛している会社」ケン・ブランチャード、コーリン・バレット著　辰巳出版

「ザ・クリスタルボール　売上げと在庫のジレンマを解決する！」エリヤフ・ゴールドラット著　ダイヤモンド社
「考える力をつける3つの道具　かんたんスッキリ問題解決！」岸良裕司他著　ダイヤモンド社
「精神病理学原論」ヤスパース著　みすず書房
「ダイアローグ　対立から共生へ、議論から対話へ」デヴィッド・ボーム著　英治出版
「最難関のリーダーシップ　変革をやり遂げる意志とスキル」ロナルド・A・ハイフェッツ他著　英治出版
「あなたの人生が変わる対話術」（泉谷閑示著　講談社）
「ザ・ゴール2　思考プロセス」エリヤフ・ゴールドラット著　ダイヤモンド社
「ザ・チョイス　複雑さに惑わされるな！」エリヤフ・ゴールドラット著　ダイヤモンド社
「Behind the Cloud-Enhancing logical thinking」Jelena Fedurko TOC Strategic Solutions,Ltd.

作成者：

作成日：　　　年　　月　　日

ことが起きればよい？

顧客に対して

社員に対して

社会に

課題

最も取り組むべき課題は？

標

□目的に適合しているか
□シンプルであるか
□コントロールできるものか

ビジョン作成ワークシート

大切にしたい価値観は？		
どのような会社にしたい？ (こんな会社でありたいという理想の姿は？)		どんなこ
		課
制約は？		
取り組むべき課題は？	・ ・ ・	
ビジョン		
ビジョンの目的は？		評価指

作成者： ヒロシ　　　　　　　　作成日：20XX年 XX月 XX日

継続		
ことが起きればよい？	顧客に 対して	S社と取引してもらうことで悩みが解消され、お客さまがもっと儲けることができる
	社員に 対して	仕事で悩んでもお互いに相談しあうことで悩みが解消されて、この会社で働いて良かったと思える
	社会に	小さな会社でも日本の産業の支えの一端を担うような会社になれる

課題

い。 の若手の育成が必要。	最も取り組むべき課題は？	長期間に渡り新製品が生まれていないこと

の会社でよかった』と思える会社をつくる

標	・新製品の開発件数 ・社員の仕事への満足度 （アンケート、インタビューの結果）	☑目的に適合しているか ☑シンプルであるか ☑コントロールできるものか

ビジョン作成ワークシート

大切にしたい価値観は？	1．助けになること・支援　2．成果　3．好奇心　4．探求心　5．	
どのような会社にしたい？ （こんな会社でありたいという理想の姿は？）	S社に関わる人たちの悩みが解消されて『この会社でよかった』と思ってもらえるような会社にしたい	どんな
		課
制約は？	市場	
取り組むべき課題は？	・現状の製品では競合他社との差別化がしにくく、価格競争に陥りやす	
	・市場が縮小傾向にあり、新しい市場を開拓する必要がある	
	・長期間に渡り新製品が生まれていない	
	・事業を継承したときに若手だった社員も現在はベテランになっており、次	
ビジョン	お客さまの悩みを解消できる新製品を開発して、社員全員で誰もが『こ	
ビジョンの目的は？	・お客さまの悩みが解消できる新製品の開発 ・社員が「この会社でよかった」と思えること	評価指

著者略歴

澤田　浩一（さわだ　こういち）

株式会社サワダ製作所　株式会社 OBK　代表取締役
国際コーチング連盟 ACC(アソシエイト・サーティファイド・コーチ)
1962 年生まれ。尼崎在住。
中小企業経営者やこれから事業を継ぐ後継者、経営幹部のためのコーチングを行っている。
大学で社会福祉学を修めた後、ソーシャルワーカーとして精神科の診療所に勤務。IT 企業、外資系メーカーを経て、２代目として株式会社サワダ製作所代表取締役に就任。当初は資金もなく設備も老朽化した会社だったが、次々と業務改革を実施して工場を新規に拡張する。しかし自分の行ったワンマン経営の弊害に気づき、社員から後継者を選出。コーチングを通して育成する。現在はコーチングを通して経営者の悩みを解消し、元気に活躍できる中小企業を増やすことを目標にしている。

中小企業の未来を創る「ビジョン」のつくり方・活かし方

2021年 12 月3日　初版発行

著　者　澤田　浩一　© Koichi Sawada

発行人　森　　忠順

発行所　株式会社 セルバ出版
〒 113-0034
東京都文京区湯島 1 丁目 12 番 6 号 高関ビル 5 B
☎ 03（5812）1178　FAX 03（5812）1188
https://seluba.co.jp/

発　売　株式会社 三省堂書店／創英社
〒 101-0051
東京都千代田区神田神保町 1 丁目 1 番地
☎ 03（3291）2295　FAX 03（3292）7687

印刷・製本　株式会社 丸井工文社

●本書の内容に関する質問は FAX でお願いします。

Printed in JAPAN
ISBN978-4-86367-709-8